# Was sind Gedankenexperimente?

*Kontrafaktische Annahmen*
*in der Philosophie des Geistes -*
*der Turingtest und das Chinesische Zimmer*

Albrecht Behmel

# WAS SIND GEDANKENEXPERIMENTE?

## Kontrafaktische Annahmen in der Philosophie des Geistes - der Turingtest und das Chinesische Zimmer

*ibidem*-Verlag
Stuttgart

Die Deutsche Bibliothek - CIP-Einheitsaufnahme:

Ein Titeldatensatz für diese Publikation ist bei
Der Deutschen Bibliothek erhältlich

∞

Gedruckt auf alterungsbeständigem, säurefreien Papier
Printed on acid-free paper

ISBN: 3-89821-109-6


Printed in Germany

# Inhaltsangaben

EINLEITUNG 6

1. ZUR FORM VON GEDANKENEXPERIMENTEN 8

2.1 "ES-IST-MÖGLICH-DASS"-EXPERIMENTE 20

2.2 "ES-IST-UNMÖGLICH-DASS"-EXPERIMENTE 21

3. GEDANKENEXPERIMENTE IN DER PHILOSOPHIE 28

3.1 DAS CHINESISCHE ZIMMER 31

4. DER TURINGTEST 47

4.1 DIE FEHLINTERPRETATION DER KRITERIEN DES TURINGTESTS 49

4.2 DIE UNTERSTELLUNG DER SUBJEKTIVITÄT 58

5. HOCHGRADIG FIKTIVE GEDANKENEXPERIMENTE 69

6. EXKURS ZUM BEGRIFFSPAAR OBJEKTIV-SUBJEKTIV 90

7. SIMULATION MENSCHLICHER SUBJEKTIVITÄT 98

7.1 SIMULATION UND GEDANKENEXPERIMENT 101

8. SCHLUSSBEMERKUNG 109

9. LITERATURANGABEN 111

## Einleitung

Die Berührung moderner Naturwissenschaften mit der Philosophie liegt in einem der interessantesten Bereiche der Forschung, der Erforschung des menschlichen Bewußtseins.

Der Punkt, an dem sich Philosophie, Bio-, Sozial-, und Ingenieurwissenschaften begegnen, ist die Frage, ob künstliche Intelligenz möglich sei und ab wann man von künstlicher Intelligenz (Artificial Intelligence = AI) sprechen kann.[1]

Diese Suche hat eine bunte Menge verschiedenster Überlegungen und Überzeugungen hervorgebracht: es gibt Vertreter der starken oder schwachen AI; man unterscheidet zwischen *Funktionalisten, Behavioristen* und *Vitalisten,* Parteigänger mehr oder weniger klassischer philosophischer Richtungen.

Aber es gibt in der neueren Literatur auch *Zombies, Blockheads, Swampmen* und *lächelnde Dämonen,* etc. Das sind keine "Richtungen" im klassischen Sinn, sondern Figuren aus Gedankenexperimenten, die je nach Anliegen bestimmte Fragen verdeutlichen oder sogar Behauptungen der Gegenseite widerlegen sollen.

Die Hauptpersonen oder Hauptgegenstände dieser Gedankenexperimente haben Bezeichnungen wie "der Violinvirtuose im Koma" oder der "böse, verrückte Wissenschaftler". Die behandelten Fragen aber sind (oft) überhaupt nicht märchenhaft, sondern sehr konkret, wie im Fall des Violinvirtuosen, für ethische Probleme in der Medizin.[2]

Andere Gedankenexperimente, wie das berühmte Galileis, das ihm zur Widerlegung der aristotelischen Theorie vom freien Fall verschieden schwerer Körper diente, haben gar nichts wunderhaftes an sich; unsere Phantasie wird nicht bean-

---

1 *Brown,* 1. (Man hat darauf hingewiesen, daß die deutsche Übersetzung des Begriffes (artificial Intelligence) in 'künstliche Intelligenz' irreführend und ungenau ist. Man assoziiere auf Englisch eher unechtes, nachgemachtes, wie in 'artificial teeth'.). Kursiv gedruckte *Autorennamen* verweisen auf Internetartikel.

2 z.B. das kurze aber prägnante auf einem Poster der American Cancer Society: "If what happened on your inside happened on your outside, would you still smoke?" (Poster Nr. 91-100M-No.5684).

sprucht. Sie bleiben dem Konkreten von vornherein verhaftet. Im Folgenden soll eine Methode vorgestellt werden, die es möglich macht, die Fülle der Gedankenexperimente zu ordnen und nach ihrem argumentativen Wert zu beurteilen. Die Aufgabe dieser Methode besteht in erster Linie darin, Gedankenexperimente zu klassifizieren, nicht so sehr darin, sie auf ihre Richtigkeit hin überprüfen zu können. Es soll sich herausstellen, daß die Kritierien "richtig oder falsch" bei kontrafaktischen annahmen ohnehin nicht zutreffen können. Vielmehr geht es darum, das Wesen der Gedankenexperimente an sich klarer zu machen und aufzuzeigen, wie man an ein dargelegtes Szenario herangehen kann, um es auf seinen argumentativen Gehalt hin zu überprüfen. Aus der Fülle von Gedankenexperimenten wurden zwei exemplarisch ausgewählt und miteinander verglichen: Searles Chinesisches Zimmer und Turings Test, doch ist die Methode auf jedes andere kontrafaktische Szenario übertragbar.

## 1. Zur Form von Gedankenexperimenten

Gedankenexperimente sind in erster Linie Argumentationsmittel für Fälle, in denen abstrakte Sprache aus unterschiedlichen Gründen versagt:
Etwa, weil die abstrakte Formulierung des Problems das Kontrafaktische so sehr in den Vordergrund stellen würde, daß die weitere Diskussion wesentlich erschwert würde.[3] Oder, weil es schneller geht, ein Bild zu entwerfen, dessen Konsequenzen unmittelbarer zugänglich sind, als es die Konsequenzen (formal-) logischer Sätze wären.

Daniel Dennett sieht in solchen kontrafaktischen Bildern oder Szenarien "Intuitionspumpen" (man könnte sagen, Gedankenexperimente bringen Überlegungen auf den "richtigen Weg"[4]). Aber: wie kann ein abstrakter Gedankengang durch eine Geschichte verdeutlicht werden, deren Hintergrund uns fremd ist, wie im Fall von Zombies? Können wir eine intuitive Einsicht aus einer Geschichte erwarten, die nichts mit unserer Erfahrung zu tun hat?
Manche Gedankenexperimente verlassen den Bereich unserer Alltagserfahrung vollkommen und bieten Szenarios, die eher in einen Science-Fiction Roman zu gehören scheinen, wie die *brains in a tank* oder die Überlegungen in der theoretischen Physik über die Folgen von Reisen an der Spitze eines Lichtquants.
Häufig werden für Gedankenexperimente allerdings auch Szenarien verwendet, die halbwegs mit unserer Erfahrung zu tun haben, aber doch "irgendwie anders" sind. Wie zum Beispiel Searles *Chinesisches Zimmer*, das an unsere Phantasie nicht allzu große Anforderungen stellt, weil wir alle Bestandteile des Szenarios aus unserem Alltag kennen (Zimmer, Kärtchen, Geschichten...), aber unsere direkte Erfahrung dennoch überschreiten. Wer saß schon einmal in einem solchen Zimmer, und wie groß müßte die Kartensammlung sein?

---

3 *Souder*, 1. (kursiv geschriebene *Autorennamen* verweisen auf Internetartikel).

4 *Dennett*, Get Real, 30: "just to get our imaginations moving in the right direction".

Was den illustrativen Charakter betrifft, haben Gedankenexperimente Ähnlichkeit mit Metaphern, Vergleichen und anderen Bildern. Was ist aber typisch für Gedankenexperimente? Welche Punkte müssen wir klären?

• Die Form von Gedankenexperimenten und deren Eigenschaften. (Dieses Kapitel)
• Der Unterschied von Gedankenexperimenten und richtigen Experimenten in den Naturwissenschaften (Kapitel 2), das heißt, verwendet man den Begriff Gedanken*experimente* zu Recht? (Immerhin stammt der Begriff von Ernst Mach[5] - heute spricht man in den Naturwissenschaften eher von 'Tests' als von 'Experimenten'. Man kann sagen, die Sprachentwicklung hat dieses Problem selber gelöst.)[6]
• Was für Arten von Gedankenexperimenten gibt es? (Kapitel 3 bis 6)
• Was simulieren Gedankenexperimente? (Kapitel 7)

Zunächst die Form eines Gedankenexperiments:
Gedankenexperimente haben ein wesentliches Merkmal, das sie von anderen illustrativen Mitteln unterscheidet: sie gehen von kontrafaktischen Umständen aus. In einem Gedankenexperiment wird gefragt, was wohl der Fall wäre, wenn die Dinge anders lägen als sie es tatsächlich tun. Der Grad der Kontrafaktizität kann verschieden hoch sein, aber im Grunde liegt immer eine hypothetische Situation vor. Die Form einer solchen Überlegung kann folgendermaßen dargestellt werden:

- Wir gehen normalerweise davon aus und behaupten, daß der Satz **S** wahr ist.
- In unserem Gedankenexperiment gehen wir jetzt aber davon aus, daß die Welt ganz anders (oder ein bißchen anders) funktioniert. Dann nehmen wir nicht mehr an, daß **S** wahr ist, sondern vielleicht ein anderer Satz **F**, der mit **S** unvereinbar ist.
- Wir haben also keinen Anlaß, **S** für absolut wahr zu halten, sondern sehen **S** als Resultat unserer bestimmten, (möglicherweise veränderbaren) Situation an.

---

[5] *Souder*, 4. und *Goodenough*, 1.

[6] Hume, 332 beispielsweise verwendet die Begriffe 'Experiment' und 'Gedankenexperiment' noch synonym. Der Appell an die Intuition hat bei Hume die formelhafte Wendung "t'is evident!" gefunden.

Es handelt sich um eine sehr alte Gedankenform, die man z.B. bei Xenophanes von Kolophon schon finden kann. Es heißt dort:[7]

*"Wenn Gott nicht den gelblichen Honig uns hätte erschaffen,*
*dann erschiene der Feige Geschmack viel süßer den Menschen."*

Auf das dargestellte Schema von Gedankenexperimenten übertragen, läßt sich die Passage so lesen:

- Wir halten Honig für das Süßeste auf der Welt (**S**).
- Jetzt nehmen wir an, daß es keinen Honig auf der Welt gibt, noch je gegeben hat. In diesem Fall wären Feigen das Süßeste, das wir kennen (**F**).
- Wir sollten also nicht behaupten, daß Honig das Süßeste auf der Welt ist, nur weil es das Süßeste ist, das *wir kennen*.[8]

Dieser skeptische Zug tritt in fast allen Gedankenexperimenten mehr oder weniger offen zutage, aber der Skeptizismus richtet sich je nach Ausgangsposition gegen verschiedene Gegner. So sind etwa der Turingtest und das Chinesische Zimmer, zwei moderne Gedankenexperimente der Philosophie gegeneinander gerichtet. Wir können festhalten, daß alle Gedankenexperimente von Behauptungen oder Annahmen ausgehen, die der Wirklichkeit in einem oder mehreren Punkten entgegenstehen, auch wenn die daraus resultierende Aufforderung nicht immer explizit geäußert wird.

Zur spezifischen Form kommen jetzt noch die Eigenschaften von Gedankenexperimenten hinzu, die es uns später ermöglichen sollen, den jeweiligen argumentativen Wert darzustellen. Als Eigenschaften eines Gedankenexperiments bezeichne ich nun folgende fünf Punkte:

---

[7] Nestle, 102. Fragment 14

[8] Rescher, 37 "Xenophanes repeatedly employed this general technique to support his deeply sceptical position to the effect that 'No man knows or ever will know the truth about the gods..."

• **Menge an Information**: Wieviele Informationen werden uns überhaupt geboten? Je breiter das Szenario[9] dargelegt wird, desto verständlicher werden uns Schlußfolgerungen in diesem System; je weniger, desto größer muß unsere Bereitschaft sein, dem Autor einfach zu glauben.
•**Verständlichkeit innerhalb des Szenarios.** Sind uns die gemachten Annahmen im einzelnen vielleicht vertraut, aber als Kombination noch nicht, oder müssen wir uns etwas vollkommen Fremdes vorstellen? Ist die Darstellung kontingent?
• **Anteil von wirklich überprüfbaren Elementen.** Wenigstens einige Aspekte des Gedankenexperiments müssen uns aus der wirklichen Welt bekannt sein. Also: In welchem Maß können wir unabhängig vom Autor urteilen? Könnte das Szenario im Grunde nachgestellt werden?
• **Beziehung zur eigentlichen Frage.** Warum verwendet man, um das Phänomen X zu diskutieren, dieses und kein anderes Bild? Die Wahl des Bildes als Mittel der Argumentation ist immer schon eine Entscheidung, die das Ergebnis beeinflußt.
• **Adressat.** An wen richtet sich das Gedankenexperiment als Beweismittel, welche These soll unterstützt oder widerlegt werden?[10]

Diese Aspekte sind als Fragen formuliert, damit deutlich wird, daß unterschiedliche Ausprägungen ein- und desselben Gedankenexperiments möglich sind. Man sieht, daß diese Fragen nicht mit "Ja" oder "Nein" beantwortet werden können. Deshalb weisen uns die Antworten nur Richtungen an, in denen sich unsere Überlegungen bewegen können. Diese Fragen werden an die beiden grundsätzlichen Arten von Gedankenexperimenten gestellt und man wird sehen, daß die beiden Arten zu je verschiedenen Ausprägungen der Eigenschaften neigen. Zusätzlich zu den fünf Eigenschaften und dem Aspekt der Kontrafaktizität muß ein weiterer Gesichtspunkt genannt werden: Gedankenexperimente können **dynamisch** oder **undynamisch** sein. Dynamisch sind sie, wenn innerhalb des Szenarios eine Art von Wettkampf stattfindet, der das Resultat des Gedankenexperiments erst er-

---

[9] Irvine, Thought Experiments, 149: "in a controlled enough environment, so to speak".

[10] Rescher, 35. weist darauf hin, daß durch die Verwendung von Gedankenexperimenten bereits selber eine Richtung eingeschlagen wird, etwa gegen den "nominalistic extensionalism central to the logical positivism..."

bringen muß. Der Turingtest gehört zu den dynamischen Gedankenexperimenten; eine leichte Veränderung der Anordnung kann bereits das gesamte Gedankenexperiment grundlegend verändern. Undynamisch sind dagegen solche Gedankenexperimente, deren Verlauf, ähnlich wie bei einem Bühnenstück, immer gleich ist, auch wenn sich Einzelheiten modifizieren lassen. Das Chinesische Zimmer ist ein solches.

## 2. Gedankenexperimente und Tests in den Naturwissenschaften[11]

Konfrontiert mit einem wie auch immer gearteten Problem, gibt es für uns zwei Möglichkeiten darauf zu reagieren: mit Probieren oder mit Experimentieren. In beiden Fällen wird das Problem und die Notwendigkeit, es zu lösen erkannt, aber nur das Experimentieren geht über die gegenwärtige Notwendigkeit, eine Lösung finden zu müssen hinaus und sucht praktisch nach Grundsätzlichem. Der Versuch, das Grundsätzliche zu formulieren, kann Theorie genannt werden.
Jedes Experiment greift in die Wirklichkeit ein, ebenso wie das Probieren, aber es stehen unterschiedliche Dinge auf dem Spiel. Das Probieren ist oft mit dem individuellen Überleben, der Gesundheit, Ernährung, usw. des Probierenden verbunden und findet ohne zugrundeliegende Überlegungen statt. Popper hat das provozierend so formuliert: Worin besteht der Unterschied zwischen einer Amöbe und Einstein?
Experimente stützen oder widerlegen Theorien über bestimmte Zusammenhänge in der Natur, aber Probierbewegungen bleiben immer ohne Folge für die Theorie.

Bei Popper heißen die Folgen für die Theorie Elimination unbrauchbarer Lösungsversuche (oder auch der Probierbewegungen):

> In der vorwissenschaftlichen Entwicklung des Wissens ist die Elimination etwas, das mit uns geschieht: Es ist die Umwelt, die unsere Lösungsversuche eliminiert; wir sind an der Elimination nicht aktiv, sondern nur passiv beteiligt, wir erleiden die Elimination, und wenn sie zu oft unsere Lösungsversuche zerstört, oder wenn sie einen Lösungsversuch zerstört, der vorher erfolgreich war, so zerstört sie damit nicht nur den Lösungsversuch, sondern uns selbst, d.h. den Träger der Lösungsversuche. Das ist klar im Falle der Darwinschen Auslese.

Die Experimente sind wissenschaftlich angeleitete Probierversuche, die auch ohne gegenwärtige Problemstellung durchgeführt werden können. Man spricht zum Beispiel von Grundlagenforschung, wenn Phänomene untersucht werden, die für

---

[11] Wir müssen uns hier natürlich sehr einschränken. Daß Wissenschaft aber weit mehr ist, etwa, weil Karriereüberlegungen eine Rolle spielen, klingt wie eine Banalität. Dennoch sei auf Feyerabends Einleitung zu "Against Method" verwiesen, 11. ff.

unser alltägliches Leben keine Rolle zu spielen scheinen, wie die Lorentzsche Maßstabsverkürzung[12] oder die Heisenbergsche Unschärferelation.
Dennoch werden solche Untersuchungen durchgeführt. Probierbewegungen dagegen haben immer einen gegenwärtigen Anlaß. Es heißt weiter bei Popper:

> Das entscheidend Neue an der wissenschaftlichen Methode und der wissenschaftlichen Einstellung liegt nun darin, daß wir in der Wissenschaft aktiv an der Elimination interessiert und beteiligt sind. Die Lösungsversuche sind objektiviert; wir sind nicht mehr mit unseren Lösungsversuchen identifiziert. [13]

Ein Experiment ist wie das Probieren eine Reaktion auf ein gestelltes Problem, aber es ist vom individuellen Leben gelöst. Wenn eine Theorie widerlegt wird, stirbt nicht das Individuum, das die Theorie vertrat, sondern nur eine Idee, sozusagen stellvertretend. Es bleibt also nicht der Umwelt überlassen, die Lösungsversuche zu widerlegen; die Wissenschaft legt es darauf an, die Bedingungen so zu verändern, daß sie für unseren Lösungsversuch möglichst problematisch wird.[14] Man sagt, eine Theorie *erhärtet* sich oder wird erhärtet durch diesen oder jenen Versuch. Das ist eine Analogie zum erwähnten Darwinismus, nur, daß es hier um das Überleben von Theorien geht und nicht um das Überleben von Lebewesen.

Das funktioniert so:
In den Naturwissenschaften sind Experimente, oder Tests, wie man auch sagt, das beste Mittel, die Richtigkeit einer Theorie zu überprüfen. Dafür sind Regeln not-

---

[12] Auch Lorentz-Transformation: Alle Materie und alle Maßstäbe verkürzen sich in Richtung der Bewegung. Die Verkürzung hängt von der Geschwindigkeit der Körper und Maßstäbe relativ zum Beobachter ab.

$$1 : \sqrt{1 - \frac{v^2}{c^2}}$$

wobei v = Geschwindigkeit des Körpers und c = Lichtgeschwindigkeit ist. Bei alltäglichen Geschwindigkeiten ist die Verkürzung unmeßbar klein, weil alle Geschwindigkeiten gegenüber der sehr großen Lichtgeschwindigkeit fast verschwinden, der Term unter der Wuzel ist also annähernd = 1. Der Maßstab ist also fast 1:1.

[13] Popper, Problemlösen, 24.

[14] "Die Amöbe flieht vor der Falsifikation" Popper, Problemlösen, 25.

wendig, die das Arbeitsmittel "Test" ausreichend bestimmen. Werden diese Regeln nicht befolgt, hat der Test keine Beweiskraft.

• Ein Test muß wiederholbar sein.

Einmalige Erfolge, die sich nicht reproduzieren lassen, sind nicht nur unglaubwürdig und unseriös, sie lassen auch auf eine fehlerhafte Anordnung des Tests schließen.

Experimente basieren auf (beobachtbaren) Kausalvorgängen. Das Ergebnis eines Tests ist das Resultat des Zusammenwirkens verschiedener Faktoren. Wenn sich also ein Test nicht wiederholen läßt oder wenn seine Wiederholung andere, unbefriedigende Ergebnisse produziert, heißt das: es waren noch weitere, bislang unentdeckte Faktoren am Werk, die bei der Wiederholung nicht wirksam waren. Der Experimentator hatte seinen Test nicht 'im Griff'. Im Idealfall sind alle Faktoren bis auf einen bekannt und konstant. Dieser freie Faktor kann "Variable" genannt werden. Je mehr freie Faktoren in einem Test vorhanden sind, desto problematischer wird die Analyse der Resultate. Aber wenn unbekannte Faktoren auch noch das Resultat beeinflussen, ist auf die Interpretation des Tests kein Verlaß. In diesem Fall nähert sich der Test dem Probieren an.

• Ein Test muß genau sein.

Je exakter die Ergebnisse kontrolliert werden können und je exakter der Test verläuft, desto größer ist die Aussagekraft des Tests, weil eventuelle Abweichungen von Normwerten enger bestimmt werden können. Das ist eine Frage der Meßgeräte, aber auch eine Frage der Versuchsanordnung, wie Sauberkeit, Funktionstüchtigkeit, Belastbarkeit der Instrumente und Geräte. Wichtig ist hier, daß Genauigkeit nicht unbedingt heißt, möglichst kleine Maßeinheiten zu verwenden ("Mikrometer ist besser als Millimeter"), sondern: das zu Untersuchende muß genau untersucht werden, möglichst wenig Störfaktoren dürfen auftreten. Dieses Problem mündet häufig in Geschmacksfragen oder zumindest in Fragen des Er-

messensspielraums. Ab wann kann man schon von 'ausreichender' oder 'guter' Genauigkeit sprechen?[15]
Geradezu gravierende Folgen hat dies im Fall der Heisenbergschen Unschärferelation, die besagt, daß durch die Messung (den Eingriff des Meßinstruments) die zu messende Größe beeinflußt wird.

• Ein Test muß das Richtige testen. (Das ist auch eine Forderung an die Gedankenexperimente).

• Stimmt die Fragestellung des Tests mit dem überein, was der Test tatsächlich mißt? Diese Anforderung an Tests ist eine Folge aus den beiden zuerst genannten und dem Unterschied zwischen Probieren und Experimentieren. Tests überprüfen Hypothesen, wobei sie *ursprüngliches Problem*, *Faktor* und *Resultat* miteinander verbinden. Das Ausgangsproblem des Tests kann jedes dieser drei sein, je nach Fragestellung. Was führt zu diesem Resultat? Was bringen diese Faktoren hervor? Wie kann das ursprüngliche Problem gelöst werden?
Diese Fragen müssen jetzt experimentell untersucht werden, aber die durchgeführten Tests müssen mit der Fragestellung übereinstimmen. Findet man einen solchen Fehler heraus, ist man klüger, und eventuell ist das Ergebnis noch interessanter als die alte (falsch untersuchte, oder gestellte) Frage.
Es ist klar, daß auch die besten Instrumente nicht vor solchen Fehlern schützen können, weil es sich meistens um konzeptuelle Fehler handelt.
Die kosmische Hintergrundstrahlung beispielsweise wurde aufgrund eines solchen Mißverhältnisses erst entdeckt:[16]

---

[15] Schack, 48 über die Errechnung von Durchschnittswerten. Je kleiner die Einheit, desto größer die Abweichung vom Durchschnitt. Schack verwendet hier das Beispiel eines Landregens und der Messung des durchschnittlichen Niederschlages nach $cm^2$, $m^2$ und Hektar pro Zeiteinheit.

[16] Vgl. Gottfried & Weisskopf, 6: Der Widerspruch zwischen neuen und alten Fakten verlaufe in der Wissenschaftsgeschichte oft nur sehr langsam.

Im Jahr 1965 wurde von den amerikanischen Bell Telephone Laboratories ein hochsensibler Mikrowellendetektor für atmosphärische Strahlung getestet, dabei trat ein Rauschen auf, das nicht zu beheben war und dessen Stärke normale Störgeräusche an Intensität übertraf. Die beiden mit dem Projekt befaßten Physiker Penzias und Wilson suchten nach Störfaktoren, die das unerwartete Ergebnis erklären konnten, aber obwohl sie viele denkbare Faktoren fanden (Verunreinigungen, etc.), blieb das Störgeräusch und, was zudem erstaunlich war, es blieb konstant, wenn man die Meßrichtung veränderte, was darauf hinwies, daß das Geräusch von außerhalb der Atmosphäre kam; es blieb über die Jahreszeiten hinweg gleich, was darauf hinwies, daß es von außerhalb des Sonnensystems, sogar der Galaxis kam, denn sonst wäre die Richtung der Strahlung durch die veränderte Ausrichtung der Erde im Sonnensystem auch verändert erschienen. Was man auch tat, das Störgeräusch blieb.

Bis zu diesem Moment haben wir es mit einem scheinbar mißlungenen Test zu tun, weil zwar Wiederholbarkeit und Genauigkeit durchaus gegeben sind, aber es in keiner Weise klar war, was die Ergebnisse - das Rauschen - bedeutete. Ein Test kann also in seinem eigenen Aufbau durchaus korrekt sein, aber dennoch keine verwertbaren Ergebnisse liefern, wenn seine Beziehung zu der ihm zugrunde liegenden Theorie nicht gegeben oder falsch ist.

Ein anderes Team untersuchte etwa zur gleichen Zeit ebenfalls das Phänomen Mikrowellen, aber ausgehend von der Theorie, daß das junge Universum sehr heiß - weißglühend - gewesen sei: Das Universum dehnt sich aus und das Licht sehr ferner Teile des Universums erreicht uns erst jetzt, so daß wir sozusagen in die Vergangenheit des Universums sehen können, wenn wir elektromagnetische Strahlung aus diesen weit entfernten Quellen empfangen. Also mußten zumindest Spuren des jungen Universums heute noch sichtbar sein. Aufgrund nun der Ausdehnung sei dieses Licht des jungen Universums so stark nach rot verschoben, daß es als Mikrowellen auf der Erde ankäme und nicht mehr in seiner ursprünglichen Form. Die Entdeckung, daß diese Theorie mit den scheinbaren Störgeräuschen in Zusammenhang zu bringen sei, brachte Penzias und Wilson 1978 den Nobelpreis. Die erste Theorie hatte das Phänomen als ärgerlichen Fehler interpretiert, die zweite als Beweis ihrer eigenen Richtigkeit.

Hier wird deutlich, daß ein Test erst mit einer Theorie in Verbindung gebracht werden muß, um aussagekräftig zu sein. Genauigkeit und Wiederholbarkeit können auch Aspekte des Probierens sein, aber erst die Theorie macht eine Probe zum Test. Nicht alle Widersprüche führen wie in diesem Beispiel zum Ansatz einer besseren Fragestellung, aber man kann sagen, daß jedes Testergebnis, das die beiden ersten Anforderungen erfüllt, für die Forschung wertvoll sein kann, es muß nur richtig interpretiert werden. Ungenau oder unfachlich durchgeführte Tests können auch durch noch so kreative Interpretationen nicht gerettet werden.

In anderen Worten: Der Übergang von der Theorie zur Praxis (und umgekehrt[17]) bei Tests ist eine Art Leib-Seele-Problem der Naturwissenschaften.[18] Es ist schwer, den Berührungspunkt zu finden.
Wir können jetzt eine Definition von "Test" in den Naturwissenschaften versuchen:

*Ein geregelter, wiederholbarer Prozeß, der auf eine bestimmte Fragestellung hin Eigenschaften oder Umstände untersucht und Resultate liefert, die im Rahmen einer Hypothese untersucht werden.*[19]

Ein Experiment ist also nur dann sinnvoll, wenn seine Ergebnisse in eine bereits vorhandene Theorie eingebettet werden können, oder wenn seine Ergebnisse eine bereits vorhandene Theorie widerlegen können (das ist ja nur der umgekehrte Fall

---

[17] Baars, 292: "Many scientific theories begin as humble metaphors".

[18] Baars, 292: "to help make us jump from the known to the unknown" wobei gerade dieser Sprung methodologische Probleme in sich bringt.

[19] umfassender findet man es zum Beispiel bei Kolb, 19:
"*Die eigentliche Durchführung des Experiments besteht im planvollen Verändern der unabhängigen variablen physikalischen Größe innerhalb eines begrenzten Bereiches und der Messung dieser sowie der abhängig variablen physikalischen Größe*" Für unsere Zwecke ist aber der Bezug zur umfassenden Theorie wichtiger.

des geschilderten, wo Testergebnisse eines iterativen Verfahrens die Grundlagen einer Theorie stellten).

Auch die Versuchsanordnung kann verändert werden, so daß man von 'Probieren innerhalb eines Tests' sprechen kann. Dazu zählen Optimierungsversuche des Aufbaus genauso wie verändertes Material ("Wir nehmen jetzt Kupfer!"). Streng-genommen handelt es sich dann um zwei separate Tests, die erst durch die Theorie vereinigt werden. Man spricht dann von "Vergleichen".

Wir müssen unser Thema "Gedankenexperimente" immer vor Augen haben, wenn wir über Tests sprechen. Auch einem realen Test gehen in der Regel Gedankenexperimente voraus, die aber häufig die *Form* der Durchführung antizipieren. Das heißt, die Gedankenexperimente, die einem realen Test vorausgehen, betreffen eher Versuchsaufbau als Ergebnis, vor allem dann, wenn der Test Daten liefern soll. *Daß* der Test Daten liefert, ist sowieso unstrittig, aber diese Daten sollen maximal verwertbar sein, das ist eine Anforderung an den Aufbau. Gedankenexperimente in den Naturwissenschaften betreffen häufig auch die Theorie, man denke an Schrödingers Katze, aber diese fallen in den Bereich späterer Kapitel.[20]
Wichtig festzuhalten ist hier:

- Tests sind dynamische Versuchsanordnungen, die optimiert werden können. Es handelt sich gewissermaßen um einen Wettstreit zwischen Tester und Testobjekt, das sich oft den Tests zu widersetzen scheint.[21]
- Gleichgültig wie weit fortgeschritten die Theorie ist, ein Test weist immer empirisches Material auf, es ist die Aufgabe der Hypothese, das Material zu bewerten (brauchbar-unbrauchbar; exakt-unexakt, etc.), aber der Boden der Tatsachen wird nicht verlassen. Das ist wichtig, wenn es später um Gedankenexperimente der phantastischen Art geht.

---

[20] Leatherdale entwickelt in seinem Buch *Analogy, Model and Metaphor in Science* eine sehr interessante Systematik und Geschichte der Bildersprache in den Naturwissenschaften.

[21] Feyerabend, 18. Hier können wir lesen, daß Anarchie in der Geschichte der Entdeckungen eine enorme Rolle gespielt hat. Diese Anarchie ist aber nicht mit Schlamperei zu ver-

## 2.1 "Es-ist-möglich-daß"-Experimente

Neben der Aufgabe, neue Daten zu fördern, was ja in jedem Fall erfolgt, hat ein Test die zugrundeliegende Hypothese entweder zu stärken oder zu schwächen. Das kann bis zur Entscheidung, also zum Beweis oder der Widerlegung geschehen. Dabei spielt ein wichtiger Unterschied zwischen Beweis und Widerlegung eine Rolle, nämlich der des Bereits-Jetzt-Möglichen.

Der Beweis des Möglichen hat einen entscheidenden logischen Vorteil gegenüber seinem Gegenteil: es genügt einer.

Ein sehr gutes Beispiel dafür entnehme ich der Literatur, nämlich Jules Vernes Roman *In 80 Tagen um die Welt.* Die Möglichkeit einer solchen Reise mußte nur einmal demonstriert werden, um bewiesen zu sein. Egal, ob eine andere Reisegruppe als die Foggs - oder seine eigene zu einem späteren Zeitpunkt - das gleiche Projekt ohne Erfolg zuende bringt oder nicht: es war mit den zu diesem Zeitpunkt vorhandenen Mitteln bereits möglich, die Aufgabe zu erfüllen. Natürlich ist die Reise um die Welt kein richtiges Experiment im obengenannten Sinne, aber es ist doch ein Beweis, der genau die Struktur hat, um die es hier geht. Denn egal, ob man später Flugzeuge oder Satelliten erfunden hat oder nicht, die die Aufgabe schneller erfüllen konnten, die Reise war ein Möglichkeitsnachweis für die Aufgabe, in 80 Tagen die Erde zu umrunden, der nur noch optimiert werden mußte.

Wenn man so will, ist der Möglichkeitsnachweis immer auch ein Unrichtigkeitsnachweis des Gegenteils. ("Es ist nicht unmöglich, daß ..."), aber kein Un*möglichkeits*nachweis.

In den Naturwissenschaften haben solche Demonstrationen oft die Form von Vorhersagen eines Phänomens, etwa die der Existenz der Neutrinos bereits Anfang der dreißiger Jahre.[22] Die Bedeutung erstreckt sich auf das gesamte Gebiet der

---

wechseln, weil sie nicht den Versuchsaufbau selber betrifft, sondern eine Art Offenheit gegenüber neuen Ideen.

22 Der Physiker P. Jordan fragte schon 1956 ironisch, 24: "*Denn wenn man imstande ist, für jedes denkbare elektrodynamische Experiment das zu erwartende Resultat vorauszusagen, wenn man also tatsächlich die elektromagnetischen Vorgänge ebenso vollständig*

Wissenschaften, denn jede Gleichung kann gelesen werden als: *Es ist möglich,* diese Größe mit jener Größe auszudrücken.

Tests dieser Art finden vor allem in der technischen Produktion Anwendung, wenn zum Beispiel auf giftige Bestandteile verzichtet werden muß. Es muß ein Ersatz gefunden werden, der auch funktioniert, aber (zusätzlich oder abzüglich) bestimmte Eigenschaften hat. Gleichgültig, wie viele andere Substanzen die Aufgabe erfüllen mögen, die Entdeckung einer einzigen Alternative reicht aus, um die Möglichkeit zu beweisen.[23]
Die Erforschung von Verhältnissen oder Gleichungen fällt ebenfalls in diesen Bereich, sofern sie die folgende Form haben:
'*Es ist möglich*, Phänomen A mit Phänomen B in Relation zu setzen, wenn man folgende Faktoren a, b und c hinzunimmt'.

## 2.2 "Es-ist-unmöglich-daß"-Experimente

Tests dieser Art sind schwieriger zu bewerkstelligen, weil ein Beweis der Unmöglichkeit immer alle denkbaren Fälle einschließen muß. (Eben genügte noch ein einziger!) Deshalb sind Beweise dieser Art immer mit logischen Aussagen über Kategorien verbunden.
Chemische Eigenschaften von Stoffen können so untersucht und beschrieben werden:
• "Es ist unmöglich, daß Wasser unter diesen und jenen Umständen gefriert" (Temperatur, Druck, Reinheit oder Vermischung mit anderen Substanzen, etc.). Hier spielt es eine Rolle, wie gut alle Faktoren kontrolliert werden, denn ein einziger Fehler stellt alles in Frage. Weiterhin ist absolute Gewißheit nicht zu erwarten, weshalb man korrekterweise immer sagen müßte: "bis jetzt war es noch nie so,

---

*rechnerisch zu erfassen vermag, wie die Bewegungen im Planetensystem, was will man denn überhaupt noch mehr?* " (Gemeint sind Gleichungen!)

23 Man denke etwa an FCKW- freie Spraydosen oder Kühlschränke, die dennoch funktionieren.

daß..." Wenn die Logik nicht helfen kann,[24] eine grundsätzliche Unmöglichkeit aufzudecken, hat es die Empirie sehr schwer. Je mehr Faktoren bestimmt und festgelegt sind, desto sicherer sind die Aussagen. Popper hat darauf hingewiesen, daß Aussagen dieser Art mit steigender Sicherheit der Wahrheit auch immer uninteressanter werden.

Für Gedankenexperimente gilt diese Einschränkung natürlich nicht. Was hält uns davon ab, uns einen Dämonen vorzustellen, der Wasser zum Gefrieren bringen kann, indem er es nur anlächelt?[25] Das ist deshalb möglich, weil durch solche Überlegungen kein Datenmaterial entsteht, das interpretiert werden kann. Es ist kein innerer logischer Widerspruch in einer solchen Vorstellung festzustellen; es ist aber ein kontrafaktisches Szenario. Für Tests wäre beides ein unüberwindliches Hindernis.

Wenn eine Hypothese einen inneren Widerspruch der Form "A = non A" aufweist, ist ein Test nicht mehr nötig. Die Logik übernimmt die Verifizierung.[26] Es ist ja nicht möglich, daß etwas durchführbar und zugleich undurchführbar ist.
Hierzu nenne ich ein sehr berühmtes Gedankenexperiment aus der Physik, nämlich Galileis Widerlegung der aristotelischen Behauptung, ein schwerer Körper fiele schneller als ein leichter.[27] Er argumentierte dabei folgendermaßen:
Wenn ein schwerer Körper wirklich schneller fällt als ein leichter Körper, dann muß, wenn man einen schweren Körper mit einem leichten verbindet, der leichtere Körper den schwereren beim Fallen bremsen; der schwerere Körper fällt dann also langsamer als allein. Gleichzeitig muß er aber auch schneller fallen als er es allein tun würde, weil er ja das Gewicht des leichten zusätzlich hat, also insgesamt

---

24 Galilei, Dialoge 328.

25 *Lanier*, Mindless, 4 "smiling demons".

26 Schnädelbach, 693/694. Vgl. auch Schack, 45. Ihm zufolge gibt sich der "gewordene Intellekt" niemals mit mathematischen Erklärungen zufrieden und fragt immer weiter.

27 Wilke, 23/24. und Parthey/Wahl, 44.

schwerer ist. Beides zusammen ist unverträglich, weshalb die aristotelische Theorie nicht zutreffend sein kann.[28]

Ein anderes Gedankenexperiment,[29] diesmal aus der mittelalterlichen Theologie, hat die Form:

• Gott ist allmächtig, wenn er jeden denkbaren Gegenstand erschaffen kann.
• Gott ist allmächtig, wenn er alles zu tun vermag.
• Kann Gott einen Stein erschaffen, der so schwer ist, daß er ihn nicht hochheben kann?

Entweder, Gott kann den Stein zwar erschaffen, aber nicht hochheben, dann ist er nicht allmächtig, weil ihm der Stein zu schwer war. Andererseits ist er nicht allmächtig, wenn er den Stein doch hochheben kann, weil es dann nicht der gewünschte Stein gewesen ist. In jedem Fall dieser Zwickmühle haben wir ein Argument gegen die Allmacht Gottes, weil beide Forderungen einander so widersprechen, daß sie nicht in Einklang zu bringen sind. Dieses Gedankenexperiment wurde von den kirchlichen Autoritäten als spitzfindig abgetan. Thomas von Aquin sah in dem Gedanken, daß Gottes Allmacht durch die Gesetze der Logik eingeschränkt werde, sogar eine Sünde.

Aber leider lassen sich nicht immer solche Widersprüche so elegant ausfindig machen, die eine Überprüfung überflüssig machten. So mußte Galilei zum Beispiel später für die tatsächlichen Messungen von Fallzeiten unzählige Versuche anstellen.[30] Die empirische Widerlegung der aristotelischen These kann sich dem Er-

---

[28] Shamos, 13.

[29] Daß *diese* (nicht sehr kontrafaktischen) Gedankenexperimente ebenfalls immer gleich ablaufen, empfindet man auch bei Schnädelbach, 687 deutlich: "Das berühmte Beispiel mit dem armen Gaius, dem seit Jahrhunderten nachgewiesen wird, daß er sterben muß (...)". - Aus den Syllogismus über die Sterblichkeit von Menschen, also auch von Gaius, wenn Gaius ein Mensch ist.

[30] Galilei, Dialogue, (3. Tag) und auch die eindrucksvolle Darstellung bei Feyerabend der Kapitel 6, 7 und 8.

gebnis der *logischen* Widerlegung nur durch massenhafte Datensammlungen annähern.

Medizinische Tests an Kranken nehmen dabei eine Art Mittelstellung ein. Sie vergleichen ein Individuum (den Patienten) mit vorgegebenen Normwerten. Je nach Abweichung von diesen Normwerten ist dann von Krankheit oder Gesundheit zu sprechen. Es ist schwer, medizinische Tests in das hier präsentierte Schema voll zu integrieren, weil es sich bei diesen nicht um Experimente in dem Sinn handelt, daß sie Theorien überprüfen, sondern, andersherum, Einzelfälle an der Theorie messen. Man könnte sagen, daß medizinische Tests eine andere Beweisrichtung haben:
Sie beweisen von der gesetzten Norm auf den Einzelfall herunter, nicht, wie die erwähnten klassischen Experimente der Naturwissenschaften, von den Einzelfällen auf eine zu falsifizierende Theorie hinauf.[31] Das mag auch daran liegen, daß die Medizin, ebenso wie die Philosophie, nicht klar zu den Wissenschaften zählt.

Wir können festhalten, daß für Experimente zwei Arten von Beweiskraft gelten:
• Der Beweis des Möglichen genügt schon in einfacher empirischer Form. Weiteres Beweisen fällt in den Bereich der Verbesserung der Anordnung und erhöht den einmal erbrachten Beweis nicht in seiner Beweiskraft.
• Beweise der Unmöglichkeit können mit Garantie nur aus dem Bereich der Logik kommen. Empirische Beweise für Unmöglichkeit können nur durch Annäherung, also unendlich viele Versuche mit identischem Ergebnis erreicht werden.
Für die Gedankenexperimente heißt das wiederum:
Der Nachweis der Möglichkeit, der bei Tests immer empirisch ist, also sozusagen eine Durchführung ist, hat keine Entsprechung bei Gedankenexperimenten, die ja immer ohne Empirie bleiben. Aber Gedankenexperimente können als Hinweise auf Probleme gelten, für die empirische Versuche nicht möglich sind. Die Behauptung, mit Gedankenexperimenten könne eine Möglichkeit bewiesen werden,

---

[31] Schenck demonstriert verschiedene Testverfahren auf neurologische Defekte und betont die Willkürlichkeit der Norm dessen, was als gesund zu gelten hat, 141. Mit medizinischen Tests ist kein Begriff für "gesund" zu erstellen, höchstens einer des Durchschnitts.

ist immer von dem Wohlwollen des jeweiligen Publikums abhängig - aber logische Beweiskraft existiert nicht.
Unmöglichkeiten können mit Gedankenexperimenten - ebenso wie es bei richtigen Tests der Fall ist - nur dann nachgewiesen werden, wenn es sich bei diesen Unmöglichkeiten um logische Unmöglichkeiten handelt. Das Twin Earth Gedankenexperiment über die Substanz, die unserem Wasser bis auf seine atomare Struktur in jeder Hinsicht gleicht, wurde auf diese Weise kritisiert (s. auch Kapitel 5).
Je kontrafaktischer ein Gedankenexperiment ist,[32] desto schlechter steht es um seine wirkliche Beweiskraft in diesem Sinne. Tests dagegen können nie kontrafaktisch sein, weil man sie durchführen kann. Daß man manchmal die Bedeutung des Ergebnisses nicht versteht oder nur falsch zu interpretieren weiß, ist kein Problem der Faktizität, sondern der Theorie innerhalb derer der Test stattfand.
Wir können an diesem Punkt feststellen, daß Gedankenexperimente keine Tests sind. Sie liefern nicht in dem Sinne Material wie Tests; sie können ohne Schwierigkeit kontrafaktisch sein, oder, positiv formuliert: sie sind frei von äußeren Gesetzen. Sie können logische Unmöglichkeiten aufzeigen, was für empirische Tests nicht gilt.

Positive Beweise finden im Rahmen von **"Es-ist-möglich-daß"-Experimenten** statt und haben die Form einmaliger erfolgreicher Versuche. Diese Beweismethode verlangt empirisches Vorgehen, oder Bezug zu der "Welt da draußen." Ein Beispiel für diese Art des Beweises ist die Mutprobe.

Negative Beweise, oder **"Es-ist-unmöglich-daß"-Experimente** sind auf empirischer Basis nur durch eine für ausreichend erachtete Zahl von Versuchen zu erbringen. Hier spielt die Normierung eine große Rolle, ab wann von einer "ausreichenden Zahl" gesprochen werden kann. Auf logischer Basis können solche Tests nur erfolgreich sein, wenn es gelingt, einen inneren Widerspruch aufzuweisen, der

---

[32] Ich verwende hier meine Übersetzung des Begriffes "counterfactual" aus der englischsprachigen Literatur, z.B. *Souder, 1.*

die These als Ganzes widerlegt. Diese logischen Beweise sind abhängig von ihren Prämissen und selbst anfällig für Widersprüche, wie das Beispiel des Zeno über den fliegenden Pfeil, der dennoch steht.[33]
Ein weiterer Unterschied zwischen Gedankenexperimenten und Tests besteht in folgendem Punkt:
Wir werden sehen, daß im Fall der Gedankenexperimente, die Bühnenstücken gleichen, die Eigenschaft der Wiederholbarkeit ebenfalls auftritt. Aber hier kann die Wiederholbarkeit die Beweiskraft nicht stützen. Man kann einen falschen Gedankengang unbegrenzt oft wiederholen, ohne irgendein Resultat zu erzielen. Man könnte sagen: Weil man ja keine Datensammlungen dabei anlegt, gibt es auch keine Chance, diese Daten später anhand einer anderen Theorie zu messen und die Auswegslosigkeit in einen Triumph zu verwandeln.
Wiederholbarkeit an sich bedeutet nur, daß immer die gleichen Faktoren am Werk waren, ob in einem Test oder einem Gedankenexperiment.

[33] Nestle, 121.

### 3. Gedankenexperimente in der Philosophie

Gedankenexperimente aus der Philosophie können nicht durch Empirie überprüft werden, weil ihr Sinn gerade darin besteht, von kontrafaktischen Annahmen auszugehen.[34] Hier treten andere Zielsetzungen auch deshalb auf, weil in der Philosophie Theorien auf andere Weise widerlegt werden müssen als in den Disziplinen der Naturwissenschaften. Man könnte auch sagen, eine philosophische Theorie kann nicht in dem Maße als "falsch" erkannt werden, wie die alchemistische Theorie, daß "Erde, Wasser Feuer und Luft" Grundelemente der Natur seien.[35]
Wir werden bei den philosophischen Gedankenexperimenten finden, daß andere Bewertungsmaßstäbe nötig sind. Ich nenne sie jetzt schon, um die Richtung meiner Argumentation deutlicher zu machen:

Erstens:
• Gedankenexperimente haben die Aufgabe, abstrakte Probleme zu verdeutlichen. Deshalb nehmen sie illustrativen Charakter an. Man könnte sagen, ein Gedankenexperiment in einer philosophischen Argumentation hat die Aufgabe, ebenso wie die abstrakte Argumentation, die es stützt, Sachverhalte zu klären. Sie können höchstens einen inneren logischen Widerspruch auffinden helfen, aber keine empirischen Widerlegungen sein. Das unterscheidet Gedankenexperimente von falsifizierenden Tests und rückt sie neben die Schulexperimente. Deren Sinn liegt auch nicht im Falsifizieren von Theorien, sondern im Aufzeigen von Sachverhalten. Deshalb müssen auch Schulexperimente immer gleich ablaufen, und das hat keine

---

[34] Russell, Inquiry, 300: "*It will be remembered, however, that propositions which go outside the experience of the speaker always involve variables* [wir haben ja gesehen, daß echte Tests nur eine freie Variable akzeptieren können, A.B.] *and that such propositions necessarily derive their truth from a correspondence of a different kind from that involved in the case of propositions not involving variables.*"

[35] Es ist klar, daß es hier um den *chemischen* Aussagewert dieser Theorie geht, also um die Feststellung, daß Wasser etwa selber eine Zusammensetzung ist und deshalb kein Grundelement sein kann. Eine philosophische Darstellung dagegen wird durch die Entdeckung eines inneren Widerspruches in der Regel nur noch interessanter.
Vgl. auch Russell, Inquiry, 300-304, über die *verschiedenen Arten*, auf die eine Aussage wahr sein kann.

Konsequenzen für die bereits bekannte Theorie. Deshalb wird aus Schulexperimenten eigentlich nichts neues gelernt, weil der Ablauf immer der Theorie untersteht, anstatt sie zu überprüfen, so daß ein Experiment, das plötzlich andere, neue Ergebnisse lieferte, für ungültig erklärt würde. Man sollte diese Experimente daher besser 'Demonstrationen' nennen.[36]

Zweitens:

• Die zugrundeliegende Theorie oder Aussage ist schneller verständlich, wenn sie mit Hilfe eines Gedankenexperimentes dargestellt wird, weil sich die Verbildlichung zunächst an unsere Intuition richtet. Die daraus resultierende Frage muß lauten:

Haben wir durch die Illustration die abstrakte Frage besser verstanden oder haben wir durch den Appell an unsere Intuition nur das Gefühl, die Frage verstanden zu haben, weil uns das Bild ja intuitiv einsichtig ist? Haben wir also nur das Bild verstanden, aber vielleicht die Frage immer noch nicht, weil es keinen logischen Übergang zwischen den beiden gibt?

Gedankenexperimente können also auch als Manipulationsmittel mißbraucht werden und sind potentielle Fehlerquellen.

Ich will versuchen, Kriterien aufzustellen, die es erlauben, Gedankenexperimente auf ihre Ehrlichkeit zu untersuchen, also danach, wie riskant es ist, diesem oder jenem Gedankenexperiment zu folgen oder zu glauben.

"Menge an Information; Verständlichkeit innerhalb des Szenarios; Anteil wirklich überprüfbarer Elemente; Beziehung zur eigentlichen Frage und Adressat" heißen die fünf Kriterien, nach denen ich Gedankenexperimente bewerte. Diese Kriterien können von Gedankenexperimenten in verschiedener Intensität erfüllt werden, das heißt, daß es zum Beispiel hochgradig verständliche Gedankenexperimente gibt, die uns eine große Menge an Informationen geben, aber fast keine Überprüfbarkeit aufweisen etc. Ich will zeigen, wie der Zusammenhang dieser Kriterien gekoppelt ist, daß es häufige Konstellationen gibt, unmögliche und seltene. Drei sehr deutli-

[36] Man kann diesen Umstand auch daran erkennen, daß die fünf Eigenschaften von Gedankenexperimenten bei Tests auf technische Anordnungen beschränkt bleiben können.

che Fälle möchte ich eingehender diskutieren: Searles Chinesisches Zimmer, den Turingtest und die Gedankenexperimente der phantastischen Art um die "Zombies". Diese drei Beispiele zeigen jeweils eines der Kriterien auf:
Das Chinesische Zimmer die prinzipielle Nachstellbarkeit durch den großen **Anteil überprüfbarer Elemente**; der Turingtest die **Dynamik** und Verständlichkeit und die Zombies natürlich den Appell an unsere Phantasie und Intuition durch die **Kontrafaktizität**, wobei hier die Beziehung zur eigentlichen Frage nicht immer leicht zu beantworten ist.

Drittens:
• Gedankenexperimente sind weniger Metaphern oder Gleichnisse als Szenarien, die mit einer bestimmten Absicht konstruiert werden und stehen also nicht für etwas, in dem Sinn, wie ein Symbol für etwas steht. Ein Gedankenexperiment steht *im Dienst einer Frage*, die anhand des Szenarios erklärt werden soll. Dabei kann das Szenario beliebig manipuliert werden, um den Anforderungen zu entsprechen. Man bedient sich bei der Konstruktion häufig phantastischer Kulissen aus der Magie (Zombies), der Science-Fiction (Brains in a tank) oder Phantasiewelten (Flatland),[37] die es ermöglichen, alle gewünschten Aspekte und Faktoren zu vereinigen.
Für 'Science Fiction' und 'Magie' ist noch zu sagen, daß hier Elemente ihrem ursprünglichen Zusammenhang entnommen werden, so daß der Zombie der philosophischen Diskussion nichts mit dem Zombie der kreolischen Zauberei zu tun hat. Erst die Unterordnung unter eine allgemeine Frage macht ein Szenario zu einem Gedankenexperiment. Science Fiction-Geschichten allein bedeuten nichts.[38] Das hat folgenden Grund:
Phantastische Geschichten appellieren an unsere Intuition, wir werden aufgefordert uns Dies und Das vorzustellen. Wie gut uns das gelingt, läßt sich weder überprüfen noch mit den Leistungen anderer vergleichen. Wir können also diese intui-

[37] Abbott, E. Flatland - A Romance in many Dimensions, NewYork 1952. Ein Gedankenexperiment über die Möglichkeit viel-dimensionaler Welten und die Toleranz.

[38] Barnouw, 398. Oder: sie bedeuten nur etwas für sich selbst, innerhalb ihres eigenen Rahmens. Vgl. auch Riha, 462/3.

tive Einsicht nicht für Aufgaben außerhalb der Erzählung nützen. Gedankenexperimente dagegen sollen den Sprung schaffen. Erkenntnisse innerhalb des Gedankenexperiments sollen uns helfen, Fragen außerhalb des Szenarios zu verstehen.
Die Einschränkung gilt auch für die Kunst. Dort kann nicht von Experimenten oder Gedankenexperimenten gesprochen werden, weil der Bezug zu einer überprüfbaren oder zu überprüfenden Theorie fehlt. Ein Kunstwerk falsifiziert nichts. Alfred Andersch hat das so formuliert:

> Ich lehne den Begriff des Experiments im Bereich der Kunst rundweg ab. Die Wissenschaft kann Versuchsreihen veröffentlichen, der Künstler niemals. Selbstverständlich wird er experimentieren, aber was er vorzulegen hat, sind Ergebnisse, nicht Experimente. J. Joyces 'Ulysses' ist kein Experiment sondern ein Meisterwerk, ein Ergebnis an dem nichts mehr verändert werden kann.[39]

Das Kunstwerk als Resultat eines Experiments muß nicht mehr verändert werden - im Gegensatz zu einem Experiment, das eine Theorie überprüfen soll.
Dabei ist es nicht von Bedeutung, welchen Umfang das Kunstwerk hat. Punkt drei (Unterschied zu anderen Illustrationen) ist eher von literarischem Interesse. Für die vorliegende Aufgabe genügt es, Gedankenexperimente als Szenarien zu verstehen, mit denen Anliegen formuliert werden sollen. Innerhalb der Szenarien kann eine Geschichte erzählt werden, aus deren Verlauf Schlüsse gezogen werden können.
Gedankenexperimente sind ausgedehnte Bilder, etwa in der Art, wie eine Metapher als abgekürzter Vergleich bezeichnet werden könnte.[40]

### 3.1 Das Chinesische Zimmer

Ein Gedankenexperiment, das den formalen Charakter der von Computern angebotenen Lösungen illustriert, hat Searle in die Diskussion gebracht: Das Chinesi-

---

[39] zit. n. Allemann, 268.

[40] Schönberger, 18: "'Er war ein Löwe in der Schlacht' ist eine Metapher, 'Er kämpfte wie ein Löwe' ist ein Vergleich."

sche Zimmer.[41] In der Literatur tritt es häufig neben dem Turingtest und den Zombies auf. Wenn auch die Fragestellung der drei Szenarien ähnlich ist (*other-minds problem*), so ist doch die Darstellungsweise grundverschieden.

Bevor der Aufbau dieses bekannten Gedankenexperiments kurz geschildert wird, möchte ich noch einmal auf die für uns wichtigen Kriterien aufzählen:

• Gedankenexperimente sind Szenarien, die nach ihrer Verständlichkeit und ihrem Anteil an wirklich überprüfbaren Elementen bewertet werden können, das heißt, nach ihrer theoretischen Durchführbarkeit und der Form ihres Ablaufes. Diese beiden Aspekte sind aus zwei Gründen wichtig:

• Hohe (leichte) Durchführbarkeit heißt, daß wir auf Alltagserfahrungen zurückgreifen können, wenn wir das Gedankenexperiment verstehen wollen. Je weiter wir uns von unseren Alltagserfahrungen entfernen müssen, desto größer wird die Gefahr, daß wir mögliche Einwände und Denkfehler übersehen.

• Der Bühnenstückcharakter ist ein Kriterium des Ablaufs. Läuft das Gedankenexperiment immer gleich ab, oder trägt es eine Dynamik in sich, die jedesmal einen anderen Ausgang der Überlegung möglich macht?

• Außerdem spielt die Menge an Informationen eine Rolle die uns geboten wird, die Beziehung zur eigentlichen Frage und der Adressat:

• An wen wendet sich das Gedankenexperiment als Argument?

Gedankenexperimente haben auch den Anspruch, Experimente zu sein, d.h. sie sollen Beweismittel oder Instrument von Bekräftigungen oder Widerlegungen sein. Instrumente stehen im Dienst einer Aufgabe, hier - bei Searle - handelt es sich um folgende: Es soll der Unterschied zwischen intentionaler und formaler Erfüllung eines Problems dargestellt werden.

Das Szenario sieht so aus:

---

41 Searle, Geist, 338. (Man könnte auch die Ansicht vertreten, das Chinesische Zimmer entspreche dem Turingtest, nur, daß es aus der Ich-Perspektive geschildert sei, während der Turingtest die zweite Person wähle.)

Man gibt mir einen Packen mit Karten chinesischer Schriftzeichen, die ich nicht lesen kann, d.h. nicht von sinnlosem Gekritzel unterscheiden kann. Dann erhalte ich einen zweiten Packen chinesischer Zeichen zusammen mit einer Anleitung in meiner Muttersprache, wie ich die beiden Packen miteinander zu kombinieren habe. Die Karten werden anhand ihrer Form einander zugeteilt, wie Stücke eines Puzzles. Formal. Dann erhalte ich noch einen dritten Packen samt Anleitung. Ich weiß nicht, daß die Packen "Schrift"; "Geschichte" und "Fragen" heißen/sind. Die Reihe von verständlichen Anleitungen werden "Programm" genannt. Die Fähigkeit zu kombinieren soll sehr gut sein, schnell, fehlerlos, etc.
Ich kann jetzt die drei Packen von Karten miteinander kombinieren, weil ich über eine Anleitung verfüge, die es mir ermöglicht, ohne Fehler die Karten aneinander zu fügen, die zusammengehören.

Das ist der erste Teil des Gedankenexperiments. Man könnte sagen, der Appell an unsere Phantasie ist minimal, weil nichts an diesem Aufbau unserer Erfahrung widerspricht, wie es im Fall der Aufforderung, an die Existenz von Zombies, o.ä. zu glauben geschieht. Das ist sicherlich ein rhetorischer Vorteil, nicht nur, weil weniger Aufwand betrieben werden muß (man muß nicht erst erklären, was ein Zombie ist, wie er aussieht, was ihn von richtigen Menschen unterscheidet), sondern auch, weil weniger Einwände denkbar sind. Es ist sozusagen schwerer, Gegenargumente zu finden, die den Aufbau des Gedankenexperiments betreffen. Die Aufstellung ist an sich so plausibel, daß die Kritik an der gesamten Überlegung (also auch an der zugrundeliegenden Theorie Searles) erst viel später einsetzen kann als bei einem Gedankenexperiment, das von den Lesern gleich zu Beginn kontrafaktische Annahmen verlangt. ("Moment, es gibt aber gar keine Zombies." wäre eine Reaktionsmöglichkeit, auf der man eine ganze Diskussion lang beharren könnte; so eine spielverderberische Haltung ist im Fall des Chinesischen Zimmers nicht möglich.)
Das Gedankenexperiment geht weiter. Der zweite Teil ist genauso realistisch wie der erste, aber ab hier verstehen wir spätestens wohin der Gedanke uns führt:
Jetzt erhalte ich noch Geschichten in meiner Muttersprache und dazu Fragen, auf die ich in meiner Muttersprache antworten soll.

Niemand, der nur die Resultate sieht, kann wissen, daß ich nicht Chinesisch spreche. Die Antworten auf die muttersprachlichen und die chinesischen Fragen sind von außen gesehen gleich gut.

Soweit das Gedankenexperiment. Es folgt die Interpretation.
Die chinesischen Antworten entsprechen dem Verhalten des Computers, der ebenfalls korrekte Antworten gibt, ohne den Inhalt zu verstehen. Einwandfreies Funktionieren ist auch ohne Verständnis der Aufgabe denkbar; man könnte sagen: auch ohne die Möglichkeit zu lernen. Indem ich nur die für mich sinnlosen Anweisungen befolge, lerne ich nichts über die chinesische Sprache, sondern nur über Abfolgen sinnlosen Gekritzels. Der Inhalt bleibt unbekannt, während die *formalen* Bedingungen nicht unbekannt bleiben. Diese kann ich aus den Anleitungen entnehmen, die in meiner Muttersprache verfaßt sind.

Worin besteht nun der Unterschied zwischen den beiden Arten des Antwortens?
Die Vertreter der 'starken AI'[42] nehmen den Standpunkt ein, daß der Sprecher einer natürlichen Frage selber auch nur einem Programm folgt.
Frage und Antwort im wirklichen Leben erscheinen als Verkörperung eines Programms. Die Argumentation der starken AI verläuft etwa so:

• Der menschliche Geist ist in der Lage, bestimmte Probleme zu lösen. (Input/Output)
• Wir programmieren Computer, die menschliches Verhalten in bezug auf Problem und Resultat simulieren.

---

[42] Searle, Geist, unterscheidet in seinem Aufsatz zwischen zwei Arten künstlicher Intelligenz (AI) einer starken und einer schwachen:
schwache AI: Der Computer als Mittel den Geist zu verstehen, für die Überprüfung der Hypothesen über den Charakter des Geistes.
starke AI:
Der recht programmierte Computer ist in dem Sinn selbst Geist, daß er selbst Verstehen und kognitive Prozesse durchführen kann. Die Programme sind selber Erklärungen. Vgl. dazu: Morris, 26.

• Wir wissen, wie Computerprogramme funktionieren, weil wir sie selbst hergestellt haben. Wir kennen Input/Verarbeitung und Output.
• Wir wissen nicht, wie der menschliche Geist funktioniert, aber wir kennen Input und Output.
••• Folglich arbeitet auch der menschliche Geist analog zu einem Computerprogramm, auch wenn er nicht identisch ist mit einem Computerprogramm.
••• Folglich gibt es im Computer so etwas wie einen Geisteszustand, auch wenn er nicht identisch ist mit dem des Menschen.

Searles Argumentation hat aber dieses Muster:
• Computerprogramme sind syntaktisch und formal.
• Der menschliche Geist hat mentale Kausalität und ist semantisch.
• Syntax allein ist weder konstitutiv noch ausreichend für Semantik.
••• Folglich sind Computerprogramme weder konstitutiv noch ausreichend für menschlichen Geist.

Was ist gerade passiert?
Searles Gedankenexperiment vergleicht uns bekannte Umstände und Dinge (Zimmer, Karten...) mit technischen Vorgängen. Es entsprechen sich:

Das Zimmer - Dem Computer
Ich - Dem Prozessor
Die Karten - Dem Programm
Chinesisch - Englisch
Englisch - Der Maschinensprache (Code)

Auf dieser Ebene argumentieren die Vertreter der starken AI jedoch nicht. Sie fragen nicht, ob es zwischen Input und Output einen Vorgang gibt, der sich mit menschlichen Erfahrungen deckt, die erzählt werden können. Sie behaupten nur, daß, wenn sich die Ergebnisse gleichen, wir nicht ausschließen dürfen, daß ebenfalls ein intelligenter oder geistes-ähnlicher Prozeß stattgefunden hat. Er muß nicht mit dem intelligenten Vorgehen des Menschen identisch sein.

Man könnte das auf folgende Formel bringen:

*Searle versucht, den menschlichen Geist von Computerprogrammen abzugrenzen, während die Vertreter der starken AI versuchen, den menschlichen Geist mit dem Funktionieren von Computerprogrammen gleichzusetzen und zu erklären.*

Das sind zwei verschiedene Anliegen. Searles Gedankenexperiment legt aber durch die Wahl des Szenarios bereits fest, daß es eine direkte Vergleichbarkeit trotzdem gebe. Wir müssen deshalb nach den Eigenschaften des Chinesischen Zimmers fragen:

*1. Welche Menge an Informationen erhalten wir über den Hintergrund des Szenarios?*
Es handelt sich um ein geschlossenes System, das mit einem Minimum an Ausstattung zurechtkommt. Die Informationen betreffen allesamt uns vertraute Gegenstände; der Ablauf beansprucht unsere Phantasie nur gering, das Szenario ist gut vorstellbar. Es sind keine Annahmen zu finden, die miteinander im Widerspruch stünden. Wir verfügen schließlich auch über genügend Details. Hier finden wir also keine Anhaltspunkte für eventuelle Manipulationen, verborgene Faktoren, etc.

*2. Ist das Szenario in sich verständlich?*
Das Szenario bietet keine Paradoxien, Zirkelschlüsse und dergleichen. Alles, was wir vorfinden ist denkbar und im Prinzip auch nachstellbar, wenn wir den gerade erwähnten Einwand (zu hohe Zahl an Karten...) als böswillige Zuspitzung der Problematik ansehen. Vielleicht sind die einzelnen Blöcke eben doch groß genug. Woher soll der muttersprachliche Leser außerdem wissen, daß ich keine alternativen Formulierungsmöglichkeiten hatte?

*3. Wie groß ist der Anteil von wirklich überprüfbaren Elementen?*
Das Szenario verlangt von uns keine Annahmen, die gegen uns bekannte Gesetze verstoßen, wenn wir auch einwenden könnten, daß die Menge an zu verwenden-

den Karten gigantisch sein müßte, um den Eindruck zu vermitteln, die Sprache werde beherrscht. Es ist möglich, daß dieser Umstand den Vergleich zwischen Mensch im Chinesischen Zimmer und Prozessor im Computer zerstört. Eine interessante Frage entsteht auch durch folgende Überlegung:

Das Church-Turing Theorem besagt, daß alle Computer im Grunde gleichwertig sind, wenn auch die Geschwindigkeit sich stark unterscheiden kann, mit der sie arbeiten. Ein Mensch im Chinesischen Zimmer wäre in der Position eines extrem langsamen Rechners, der für jede Operation viel Zeit benötigt. Er muß aus dem enormen Archiv der Karten die richtige Kombination von drei Karten finden. Das ist viel Arbeit, die Kombinationsmöglichkeiten gingen in die Millionen. Aber er soll dabei keine Fehler machen können, weil sich die Karten nur auf eine Art miteinander verbinden lassen, was eine echte Herausforderung für die Hersteller der Puzzleteile wäre (Searles Vorgabe war, daß das Resultat von einem *Muttersprachler* akzeptiert werden können müsse. Also muß die Menge an Karten so hoch sein, wie das Vokabular eines Menschen, dessen Muttersprache Chinesisch ist. Wenn man allerdings, wie bei dem reduzierten Turingtest auch den Inhalt der Geschichte beschränkt oder möglichst viel Text jeweils auf eine Karte setzt, wäre die Zahl der Karten nicht mehr so hoch und für den Muttersprachler wäre kein Unterschied feststellbar. Hier ist das Gedankenexperiment modifizierbar wie ein echtes Experiment).

Kein Mensch kann so eine Arbeit ertragen wenn er eine nur halbwegs komplizierte, längere Geschichte darstellen müßte, es sei denn er wäre ein Computer oder ein Zombie, dem solche Arbeit nichts ausmacht. In diesem Fall hätte Searle bewiesen, daß der Insasse eines Chinesischen Zimmers, ein Zombie, kein Bewußtsein braucht, um eine Aufgabe zu erledigen, für die man kein Bewußtsein braucht, aber das ist ja geradezu Definitionssache bei Zombies. Er hätte eine Voraussetzung gemacht, nämlich kein Bewußtsein haben zu müssen, die die Schlußfolgerung bereits vorwegnimmt.

Wir können sagen, daß dieser Punkt (uns vorzustellen, diese enorme Menge an Karten miteinander kombinieren zu müssen) gegen unsere Erfahrung steht. Man kann weiter sagen, daß die Analogie von menschlicher Arbeit und Computerarbeit hier nicht stimmt. Ein Computer wird jeden Schritt gleichförmig erneut unternehmen, egal, wie oft er ihn wiederholen muß. Ein Mensch dagegen wird seine gute Laune bei einer solchen Arbeit schnell verlieren.

*4. Stimmt die Fragestellung des Szenarios mit der theoretischen Fragestellung nach der Möglichkeit künstlicher Intelligenz überein?*

Wenn die grundlegende Eigenschaft von Intelligenz in den kausalen Kräften des Gehirns zu suchen ist, dann können wir sagen, daß das Chinesische Zimmer eines zeigt: Menschen können ebenso wie Computer rein formal handeln, ohne die Bedeutung ihres Handelns bedenken zu *müssen* (z.B. weil sie sie nicht verstehen). Aber Menschen sind nicht auf diese Art des Handelns beschränkt.

Andererseits kann man behaupten, daß in der Suche nach passenden Karten und der wenn auch nur formalen Zusammenstellung bereits eine beachtliche Intelligenzleistung zu sehen sei. Man sieht, daß die Frage uns dazu drängt, uns entweder für eine weit gefaßte oder eng gefaßte Definition von Intelligenz zu entscheiden. Wenn wir uns dafür entscheiden, Intelligenz immer mit Intentionalität zu verbinden, müssen wir zugeben, daß wir laufend unintelligent (in dem Sinne wie Searle es einem Computer zuschreibt) handeln, wenn wir Aufgaben automatisch erledigen: Autofahren, Musikinstrumente spielen, Zähne putzen... Man tut sich leichter, wenn man die ursprüngliche Fragestellung zunächst etwas niedriger ansetzt: Searle demonstriert weniger die Problematik der künstlichen Intelligenz, als ein Mittel, sich den "Geisteszustand" während der formalen Erledigung von Aufgaben zu vergegenwärtigen. Das funktioniert deswegen, weil wir nicht aufgefordert werden, uns einen Computer vorzustellen, sondern einen Menschen. Man darf ja nicht verschweigen, daß, wenn das Gedankenexperiment etwas unstrittig aufzeigt, es der Umstand ist, daß Computer besser als Menschen in der Lage sind, Aufgaben formal zu erfüllen.

*5. An wen richtet sich das Argument?*

Der Begriff "Starke AI" ist schon gefallen. Damit ist eine Denkrichtung gemeint, die zum Beispiel von dem Erfinder des Begriffes, McCarthy, oder von Marvin

Minsky[43] vertreten wird. Searle argumentiert gegen die Gleichsetzung von Computer und Gehirn, indem er dem Computer nur Syntax zuweist, dem Gehirn aber Syntax und Semantik. Wenn nämlich der Mensch im Chinesischen Zimmer die für ihn fremde Sprache nicht erlernen kann, dann kann es auch kein Computer, eben weil in diesem Fall beiden nur syntaktische Hilfe zuteil wird. Dabei spielt die Qualität der verwendeten Programme keine Rolle. Wenn auch die Fähigkeit der Simulation menschlichen Verhaltens immer weiter optimiert wird, so kann doch dadurch niemals eine Duplikation menschlichen Geistes erreicht werden. Vertritt man die Ansicht, daß Denken nur eine Art sei, wie Symbole angeordnet werden (Cognitivism), dann kann man folgern, daß Computer denken können. Searle lehnt diese Ansicht ab.
Man kann das Argument Searles auch noch auf eine andere Weise verstehen: Er richtet sich gegen die Ansicht, der menschliche Geist sei wie ein Programm formal zu erfassen. In dieser formalen Spezifizierbarkeit kann eine Art von Dualismus erkannt werden, der dem Geist eine andere Seinsweise zuschreibt als der natürlichen biologischen Welt. Gerade den Dualismus aber attackiert die Starke AI selbst vehement.[44]

Wenn wir das Gedankenexperiment auf die Form reduzieren wollen, die uns im Fall das Honigs und der Feigen des Xenophanes begegnet ist, erhalten wir diesen Aufbau:
- Wir gehen als Vertreter der starken AI davon aus, daß Computerprogramm und Geist ähnlichen oder gleichen Funktionsweisen folgen.
- In unserem Gedankenexperiment nehmen wir aber an, daß ein Mensch die Aufgaben eines Computers zu erfüllen hat und ohne Intentionalität formal Aufgaben löst. Dann sehen wir nur, daß der menschliche Geist ebenfalls dazu in der Lage ist. Aber wir haben keinen Anlaß zu glauben, daß Computerprogramme im umgekehrten Fall Intentionalität erzeugen können. Es fehlt gewissermaßen etwas.

---

43 *Minsky*, 2. Anzumerken ist, daß Searle und Minsky eine sehr ähnliche Vorstellung von der Beziehung zwischen Gehirn und Geist haben (Mind as a feature of the brain). Der Unterschied besteht in der Wertung des Geistes.

44 Searle, Minds, 38.

- Die Übereinstimmung von Mensch und Computer betrifft also nicht das, was den menschlichen Geist ausmacht.

Wir wissen jetzt in welcher Richtung wir weiterfragen müssen:
Es geht nicht darum, Rechnern der Zukunft Intelligenz für immer abzusprechen, oder die Möglichkeit zu verneinen, daß menschengemachte Computer denkbar wären, die mit dem menschlichen Gehirn vergleichbar sind, weil sie etwa Neuronen, etc. haben, sondern darum, daß die Verkörperung des richtigen Programms nicht für das Verstehen ausreicht.[45] Das formale Hantieren mit Symbolen ergibt keine Intentionalität. Es handelt sich eigentlich noch nicht einmal um Symbole, weil Computersymbole nichts repräsentieren; es handelt sich um Syntax ohne Semantik.[46]
Das ist die Antwort auf die vierte Frage, nämlich, stimmt die Fragestellung des Szenarios mit der theoretischen Fragestellung nach der Möglichkeit künstlicher Intelligenz überein?

Die Gleichung "Geist zu Gehirn = Software zu Hardware" trifft für Searle aus den folgenden Gründen nicht zu:
• Nur etwas, das die gleichen kausalen Kräfte[47] wie das Gehirn hat, kann Intentionalität haben. Das Auswendiglernen der Symbole ohne Referenz bringt uns noch kein Chinesisch bei, wobei aber eventuell doch korrekte Resultate erzielt werden können. Ebenso verhält es sich mit den Computern; es ist möglich, daß wir uns eines Tages mit perfekten Simulatoren menschlicher Subjektivität[48] konfrontiert se-

---

[45] Weizenbaum, 262 und 299. Vgl. auch Damasio, 7-11.

[46] Delius, 129.

[47] Searle, 352. Es handelt sich bei diesen kausalen Kräften um die Fähigkeit des Gehirns, selbst intentionale Zustände hervorzubringen. Einem Programm ist das nicht möglich. Vertreter der starken AI werden einwenden, daß es nur eine Frage der Zeit sei, bis Computer sich selbst werden programmieren können. (Vgl. Boden, 10 und die Einleitung zu dieser Arbeit). Ob dann wiederum die Selbst-Programmierung intentional oder formal ist, wird erneut die Frage sein.

[48] Harnad, 14, weist auf den ungenauen Gebrauch der Begriffe "Imitation und Simulation" bei Searle hin und legt den Schluß nahe, daß Searle sie als Synonyme verwendet.

hen und vor der Frage stehen, inwieweit wir uns *trotzdem* von diesen Simulatoren unterscheiden, auch wenn wir sie nicht mehr von den Reaktionen wirklicher Menschen unterscheiden können.[49] Ist es plausibel, auf einem Unterschied zu beharren, den man nur behaupten und theoretisch ausführen, aber nicht nachweisen oder demonstrieren kann?

• Intentionale Zustände sind durch ihren Inhalt, nicht durch ihre Form bestimmt. Simulation betrifft nur die Form; eine Nachahmung des Inhalts müßte Imitation genannt werden.
Das ist aber zum Beispiel gerade das Problem des Turingtests, daß über das menschliche Verhalten beim Frage-Antwortspiel nur die Resultate und die Aufgaben bekannt sind, nicht aber der Vorgang des Denkens zwischen diesen beiden Stationen. Dieses völlig andere Gedankenexperiment wird später erläutert werden.

Marvin Minsky hat dagegen darauf hingewiesen, daß Gehirne, ähnlich wie Computer nur ihre eigenen Zustände ändern können. Das unterscheidet sie von Werkzeugen und stellt uns vor die Frage, ob nicht die formale Vergleichbarkeit den Vergleich schon rechtfertigt.

Why is it so much harder to appreciate that thinking is an aspect of the brain, that also could be described, in principle, in terms of the selfsame physical laws? The answer is that minds do not seem physical to us because we know so little of the processes inside brains.

Später heißt es dann:

We are used to thinking about machines in terms of how they affect other materials. But it makes little sense to think of brains as though they manufacture thoughts the way that factories makes cars, because brains, like computers, are largely engaged in processes that change themselves. Whenever a brain makes a memory, this alters what that brain may later do.[50]

Dieser Hinweis ist nützlich für Argumentationen, die dem Computer mögliche Intelligenz zuschreiben mögen, indem die Arbeitsweisen von Gehirn und Computer

---

49 s. auch den Abschnitt über ELIZA.

50 *Minsky* 3.

verglichen werden, ohne auf die grundsätzlich verschiedene Struktur Rücksicht nehmen zu müssen.[51] Genau das ist bei Searle wichtig. Er nennt die strukturelle Besonderheit des Gehirn "kausale Kräfte".
Simulation mit Imitation zu verwechseln ist immer derselbe Fehler, egal ob es sich um eine Simulation eines Wirbelsturmes, eines Kometen oder des menschlichen Verstehens handelt. So wie in einem Computer, der einen Wirbelsturm simuliert kein Wind weht, obwohl die aus der Simulation gewonnenen Daten durchaus einen realen Wirbelsturm beschreiben können, stellt der Antwortkatalog (z.B. eines Turingprogramms) menschliche Realität nur plausibel nach.[52] Auf den denkbaren Einwand, ein lernendes Kind stelle auch nur einen Erwachsenen nach, ohne zu verstehen, was es tue, es handle auch nur formal, kann entgegnet werden, daß im Falle des Kindes Intentionalität dennoch vorliegt, wenn man von der Absicht des Kindes, den Erwachsenen nachzuahmen, spricht.
Dieses Beispiel erweitert die Gegenüberstellung von Simulation und Imitation durch eine weitere Möglichkeit: die der Duplikation. Auf sie werde ich eingehen, weil sie meiner Ansicht nach zusammen mit der Imitation allein dem Menschen zukommt. Eine Maschine wie ein Kopiergerät dupliziert zwar auch, aber als vom Menschen gemachtes Gerät, oder wie Weizenbaum es genannt hat, als verbesserte Hand.[53]

Diese Absicht, das Nachahmen, kann ein Programm nicht haben, weil es hergestellt wurde, *um* eine entsprechende Simulation zu liefern, es hat nicht, wie das Kind, die Wahl, das Vorbild vielleicht auch nicht zu imitieren.[54]
Es ist möglich, daß der entscheidende Unterschied in der *Option* besteht, die Nachahmung zu übertreiben, so daß ein absichtlich verzerrtes Bild des Originals

[51] Gilbert Ryle hat in einem anderen Zusammenhang geschrieben: "Jedesmal, wenn eine neue Wissenschaft ihre ersten großen Erfolge erzielt, bilden sich ihre enthusiastischen Anhänger ein, alle Probleme seien nun lösbar."

[52] *Maudlin*, 5, "rewarding tricks" und Shieber, 79.

[53] Weizenbaum, 35. Emulation dagegen kommt nur Computern zu.

[54] Die Imitation hat, ganz anders als Simulation oder Duplikation, auch immer einen Hang zur Karrikatur.

entsteht. Das Übertreiben setzt Einsicht in das Wesen des Übertriebenen voraus und muß vom Nachahmen in der Absicht, dem Original möglichst zu ähneln unterschieden werden.

Ebenso "empfindet" auch ein Schachprogramm seine Funktion nicht als Spiel, sondern höchstens als Arbeit, der es Schritt für Schritt nachzugehen hat, wie jeder anderen ihm gestellten Aufgabe. Man könnte sagen, daß ein Programm als das Werkzeug, das es ja nur ist, die Absicht des Programmierers, etwas zu verwirklichen lediglich in die Tat umsetzt.[55] Hinter der simulierten Subjektivität steht immer die tatsächliche Subjektivität und Intentionalität des Programmierers.[56]
Es ist klar, daß dieser Einwand durch technische Neuerungen eines Tages beseitigt werden kann, nämlich an dem Tag, an dem es Computerprogrammen gelingt, selber "und wie auch immer bewußt" Computerprogramme herzustellen, die nicht einfach Kopien ihrer selbst sind, kurz, ab dem Tag, an dem man von "Maschinenabsicht" sprechen kann.
Diese Analogie findet sich auch im Chinesischen Zimmer bei Searle:
Das Szenario als Ganzes untersteht der Intentionalität des Autors; was darin geschieht ist nur Werkzeug, oder wie wir es weiter oben genannt haben, ein Bühnenstück. Wir trennen also Inhalt eines Programms von der Aufgabe eines Programms, gleich, ob es sich um ein Computerprogramm handelt oder ein Szenario, das so ein Computerprogramm beschreiben soll.

Es bleibt noch, ein paar Anmerkungen zum Wert des Chinesischen Zimmers als Experiment zu machen:

---

55 Weizenbaum 35 f.

56 Dawkins, 139 leitet in seinem Aufsatz über die Evolution einen sehr eleganten Begriff des Überlebens her, der das Bewußtsein nur als höchsten Ausdruck des effektiven Überlebens verstehen will. Er setzt die Reaktionsmöglichkeiten eines Schachcomputers mit dem "unbewußten" Überlebens- und Verdrängungswettbewerb der ersten organischen Moleküle gleich. Mit diesem Begriff ist eine Art Verbindung von "automatischem Willen zum Überleben" und "Existenz ohne Bewußtsein" möglich.

Im Kapitel über Experimente in den Naturwissenschaften haben wir gesehen, daß die Wiederholbarkeit neben der Genauigkeit und der Übereinstimmung mit der theoretischen Frage zum Wesentlichen eines Experiments gehören.
Für Gedankenexperimente sind natürlich Wiederholbarkeit und Übereinstimmung mit der theoretischen Frage wichtig. Der Aspekt der Genauigkeit kann nur das verwendete Vokabular betreffen, es handelt sich ja um einen rein praktischen Bestandteil, der naturgemäß bei Gedankenexperimenten keine Rolle spielt. Undynamische Gedankenexperimente sind immer in hohem Maße wiederholbar, ebenso wie es Theaterstücke sind. Das hat folgenden Grund:
Gerade weil in diesen Versuchsanordungen keine konkurrierende Parteien auftreten und alles der Regie des Autors allein untersteht, ist der Ausgang des Bühnenstücks festgelegt. Desdemona muß jedesmal sterben, egal, wie die jeweilige Inszenierung aussieht. Ebenso ist der Verlauf des Gedankenexperiments immer gleich, was aber anders als im Fall der naturwissenschaftlichen Experimente nicht als Hinweis auf die Richtigkeit der Anordnung verstanden werden darf. Es sei an die Störgeräusche des Mikrowellendetektors erinnert, die schließlich die Richtigkeit der Theorie über die kosmische Hintergrundstrahlung bewiesen: man kann denselben Fehler unbegrenzt oft erneut begehen. Auch die Störgeräusche waren konstant gleich, was man ja zunächst als immer den gleichen Störfaktor (Fehler im Versuchsaufbau) interpretiert hatte. Erst die andere Theorie erklärte das Phänomen zum Erfolg. Wiederholbarkeit an sich ist kein Hinweis auf Richtigkeit der Theorie, sondern bedeutet nur, daß immer die gleichen Faktoren am Werk waren und keine unkontrollierten Aspekte den Ablauf beeinflußten.
Weiter ist zu sagen, daß ein Gedankenexperiment wie das chinesische Zimmer nicht weiter optimiert werden muß, um die Absicht des Autors zu erklären. In anderen Worten: es ist kein Gewinn für die These zu erwarten, wenn man statt der chinesischen Schriftzeichen Mayahieroglyphen nähme, statt der Karten Holzbauklötze, usw. Bezeichnenderweise ist auch der Inhalt der Geschichte vollkommen gleichgültig.
Bei einem physikalischen Test ist natürlich ein vollkommen anderes Ergebnis zu erwarten, wenn kurzerhand das Material ausgetauscht wird. Wo ist also die Analogie?

Schwerwiegender ist allerdings der Unterschied, daß aus Gedankenexperimenten wie diesem keine Handlungsanleitungen folgen. Wir können aus Tests lernen, daß es besser ist, Metalldraht für Glühlampen zu verwenden als Pferdehaar.[57] Vergleichbares ist aus dem chinesischen Zimmer nicht zu lernen. Wir erhalten zwar eine Vorstellung von der abstrakten Frage, um die es dem Autor geht, aber wir erfahren sozusagen nicht, wie Desdemona zu retten wäre. - Soweit die Diskussion der fünf Eigenschaften.

Das Chinesische Zimmer ist außerdem in hohem Maße undynamisch. Man könnte das nun allgemein formulieren und folgende Punkte festhalten:

**Je undynamischer ein Gedankenexperiment ist,**

- desto wichtiger sind die Rahmenbedingungen, des Szenarios, weil es ja durch den Rahmen festgelegt wird.
- desto geschlossener ist das System, d.h. der Ausgang ist schon früh klar (man könnte auch sagen, desto eher ist die Absicht des Autors durchschaut). Man kann auch sagen,
- desto stichhaltiger ist die Logik innerhalb des Szenarios. Deshalb steigt damit auch die Wahrscheinlichkeit, daß die Schlußfolgerungen eben nur das Szenario betreffen und nicht die Welt außerhalb. Ein hoher logischer Gehalt kann bedeuten, daß der empirische Gehalt gering ist.
- desto geringer ist sein Wert als Handlungsanweisung.
- desto größer muß unsere Bereitschaft sein, dem Autor in das Szenario hinein zu folgen,
- desto mißtrauischer kann man dem Szenario gegenüber sein.
- desto "wiederholbarer" ist es.
- desto größer ist der Effekt der Intuitionspumpe.

---

[57] Edison mußte 1879 Hunderte solcher Tests durchführen, bis er einigermaßen brauchbare Materialien fand, erst 1898 setzte sich Wolfram durch, nachdem man lange Zeit Graphitfäden verwendet hatte. Man kann sehen, daß es sich hier um einen Fall der "es-ist-möglich-daß"-Experimente handelt. Das Phänomen steht fest, man muß nur noch optimieren. Ganz anders ist es im Fall der Gedankenexperimente.

Das ist im Fall des Turingtests vollkommen anders. Hier können Resultate erzielt werden, die für den erneuten Durchlauf entscheidende Änderungen bringen können. Aus dem Turingtest kann man lernen, welche Reaktionen man in Zukunft nicht mehr provozieren will, oder welche Frage man anders stellen muß, um zum Ziel zu kommen. Auch im Fall des Turingtests wird an unsere Vorstellungskraft nur gering appelliert. Es ist nicht schwer, sich die Versuchsanordnung vorzustellen. Was allerdings eine große Menge an Vorstellungskraft und Scharfsinn erfordert, ist die Überlegung von demaskierenden Fragen. Das chinesische Zimmer ist in so hohem Maße nachstellbar, daß die tatsächliche Nachstellung, oder Verwirklichung keine neuen Erkenntnisse erbrächte. Es würde nur länger dauern zu zeigen, was zu zeigen ist, nämlich, daß es im Prinzip möglich ist, Aufgaben formal zu erledigen ohne ein Bewußtsein dafür zu haben. Ähnlich wie bei Galileis Gedankenexperiment der beiden verschieden schweren Körper ist die Durchführung überflüssig; das was gezeigt werden soll, ist so verständlich (hier durch die Demonstration des logischen Widerspruchs, dort durch die alltägliche Erfahrung), daß man sich die Verwirklichung ersparen kann.[58]

[58] In der Literatur wird dieser Aspekt von allen mir bekannten Autoren als so selbstverständlich angenommen, daß er gar nicht auftaucht.

## 4. Der Turingtest

Es gibt viele Möglichkeiten, das Funktionieren von Software von dem Denken des menschlichen Geistes zu unterscheiden, um den Vergleich von Software/Hardware bei digitalen Universalrechnern mit der angeblichen Entsprechung beim Menschen Geist/Körper zu untersuchen.[59] Diese Reduktion des menschlichen Geistes auf Begriffe und Vorstellungen, die aus der Informatik und vor allem der Forschung auf dem Gebiet der künstlichen Intelligenz stammen, tritt am konsequentesten in einem Gedankenexperiment Alan Turings, dem sogenannten Turingtest zutage.[60] Dieses Gedankenexperiment ist in der Tat auch ein Test,[61] weil seine hohe Umsetzbarkeit praktische Versuche ermöglicht. Ich halte mich an die übliche Redeweise und nenne Turings Gedankenexperiment Turing*test.*

Grundlage des Tests war eine Gegenüberstellung von "Geist" und "Software" aus der Perspektive, daß beide gleichermaßen "datenverarbeitende Systeme" seien.

Der Test sollte die logische Struktur des Gehirns betreffen und ging davon aus, daß sich jedes stetige System mit beliebiger Genauigkeit durch ein anderes diskretes System[62] annähern läßt. Deshalb konnte Turing davon ausgehen, daß das menschliche Gehirn durch eine diskrete Maschine zu simulieren sei.

Der Test sollte anstelle der Frage stehen, ob Computer denken können. Eine Maschine, die den Test bestünde, erbrächte somit auch die Antwort auf diese Frage. Der Test ist in hohem Maße nachstellbar: Diese Umsetzung heißt Loebner-Prize Competition und findet jährlich statt. (Das wäre die Antwort auf die Fragen 2. und

---

[59] Etwa innerhalb der Informatik selber, oder z.B. nach der Frage, ob Computer und Menschen der gleichen Art von Kausalität unterworfen sind, etc.

[60] Turing, Computing Machinery and Intelligence, (1950!); und auch Dennett, Brainstorms, XIV. Es existieren heute noch keine Rechner, die den Turingtest bestünden, die Antwort, die der Test erbrächte, wäre selbst dann vermutlich nicht eindeutig.

[61] Harnad, 9 vertritt die Ansicht, der Test sei in Wahrheit nur eine Hypothese. Aber das betrifft eher die Feststellung, daß alles, was den Test selber besteht, intelligent zu nennen sei. Diese Aussage betrifft nicht den Aufbau des Turingtests.

[62] Turing, 439: "Discrete state machines are machines that move by sudden jumps or clicks from one quite definite state to another".

3. der Eigenschaften von Gedankenexperimenten nach Verständlichkeit und Überprüfbarkeit.)
Zehn Tester sind mit Zehn Probanden verbunden, von denen mindesten zwei echte Menschen und mindestens zwei garantiert Computer sind. Jeder Tester kommuniziert nach und nach mit jedem Probanden und bewertet diesen auf einer Skala von 1 (sicher ein Computer) bis 10 (sicher ein Mensch).
Diese Rangfolge ermittelt eines der Computerprogramme als "dem Turingschen Kriterium am nächsten". Man kann auch sagen, daß der Loebner-Prize die Widerstandsfähigkeit von Menschen testet, denen weisgemacht werden soll, ihr Gesprächspartner sei ebenfalls menschlich.

Neben der Reduktion des menschlichen Geistes auf Begriffe der Informatik findet eine zweite Entwicklung statt, nämlich die Vermenschlichung von Computern,[63] deren Rechenleistungen und deren Struktur. Ich möchte dafür argumentieren, daß der Turingtest kein adäquates Mittel für den obengenannten Vergleich darstellt und daß der Fehler sich nicht auf derzeit noch fehlendes technisches Know-how reduzieren läßt:
Der Begriff "datenverarbeitend" trifft grundsätzlich nicht in gleicher Weise zu, wenn er auf Menschen bzw. auf Computer angewendet wird. Computer sind Simulatoren menschlicher Problemlösung. Simulationen sind keine Duplikate oder Imitationen, d.h. auch wenn die Ergebnisse einer Simulation mit denen des Originals in ihrer Verwertbarkeit, also als Phänomen innerhalb des Beobachtungsrahmens übereinstimmen, so gibt es dennoch grundsätzliche Unterschiede, was die Art und Weise betrifft, wie die Ergebnisse entstanden sind. Ich hoffe, daß meine Argumentation durch die (bereits geschilderten) Eigenschaften eines Gedankenexperiments deutlich werden wird: Wenn bestimmte Eigenschaften eines Gedankenexperiments Kritik zulassen, dann bedeutet das entweder, daß ein unpassendes Szenario gewählt wurde oder, daß die zugrundeliegende Theorie ebenfalls fragwürdig ist. Stimmt die Aussage des Szenarios also mit der zugrundeliegenden Frage überein? (Frage 4.)

---

[63] Oder, wie *Lanier* es sieht, die Ver-computerisierung von Menschen.

Anhand eines Objektivitätsbegriffs, den man bei Thomas Nagel finden kann, möchte ich dann die Befähigung zur Objektivität bei Mensch[64] und digitalem Universalrechner vergleichen und versuchen zu zeigen, daß die Vorstellung, gerade Computer seien die Lieferanten objektiver Tatsachen, während den Menschen über kurz oder lang nur noch die Domäne der Subjektivität bliebe, falsch ist. Diese Argumentation steht im Dienst unseres Themas, der Suche nach Kriterien, mit Hilfe derer Gedankenexperimente beurteilt werden können.

Die Begriffe Simulation, Duplikation und Imitation werden eine Hilfe sein, die Rolle des Computers zu erläutern. Ich werde schließlich versuchen, zu zeigen, weshalb im Fall der Simulation nicht von Intentionalität gesprochen werden kann, indem ich die drei Begriffe auf ihre Interpretierbarkeit untersuche.

Dabei ist die Frage nach der Möglichkeit künstlicher Intelligenz, die diesen Namen verdient, von geringerer Bedeutung - denn solange diese nicht unbedingt verwirklicht ist, können ihre Anhänger wie ihre Gegner den aktuellen Stand der Technik für die scheinbare Stärke der Argumente der anderen Seite verantwortlich machen (Frage 5: An wen richtet sich das Szenario als Argument?). Turing selber hat neun Einwände gegen die Möglichkeit maschineller Intelligenz vorgetragen.

## 4.1 Die Fehlinterpretation der Kriterien des Turingtests

Der Testaufbau sieht vor, daß ein menschlicher Fragesteller herausfinden soll, ob sein Gesprächspartner, der sich in einem getrennten Zimmer befindet, Mensch oder Maschine ist, d.h. ob ein Programm geantwortet hat oder ein Mensch.

(Ich verwende im folgenden eine anthropologisierende Sprache auch für Computer, obwohl es ja gerade darum geht, einen Unterschied zwischen Mensch und Maschine bei Sprechhandlungen herauszustellen, aber Formulierungen aus der Informatik für zur Verfügung gestellte Antwortmöglichkeiten einer Maschine lenken sehr ab. Außerdem hat unsere moderne Ausdrucksweise, wenn es um Computer geht, die menschliche Perspektive längst etabliert. Ich werde später dazu noch einige Bemerkungen machen).

---

64 Nagel, 376.

Die Fragen und Antworten werden nicht mündlich gestellt, sondern geschrieben und nach einer gewissen Wartezeit in den anderen Raum übertragen. Damit sollen Benachteiligungen und Überlegenheiten wie Unfähigkeit der Computer, die menschliche Stimme zufriedenstellend nachzuahmen[65] oder Schnelligkeit bei Additionen verdeckt werden, so daß die Bewertung der Antworten durch den menschlichen Prüfer sich auf den Inhalt der präsentierten Sätze beschränken muß (das ist eine Analogie zu Searles Chinesischem Zimmer). Es gibt mehrere Arten von Fragen, die der Prüfer seinem Gegenüber stellen kann:

a) Mathematische Fragen oder Aufgaben zu Fakten. (wieviel ist...?; wie nennt man...?)
b) Aufforderung zu Kreativität. (woran denkt X, wenn ich sage...?)
c) Persönliche Fragen. (Wäre X so freundlich, mir zu sagen, wie lang sein /ihr Haar ist?)
d) Aufforderungen zu Stellungnahmen. (Was hält X von ...?)
e) Interpretationen (Deutung von indirekt geschilderten Geschichten)[66]

Es ist wichtig anzumerken, daß nicht die Befähigung, auf *Fragen überhaupt* zu antworten geprüft werden soll, sondern die Ähnlichkeit der Antworten mit denen von *irgendeinem* Menschen. Deswegen kann das Programm nicht leicht durch Aufforderungen wie "Verfasse ein Gedicht über die Alpen!" entlarvt werden, weil es vorgesehen sein kann, daß der Prüfer die Antwort erhält: "Ich war nie gut im Gedichteschreiben". Man könnte sagen: eine sehr plausible Antwort, die vermutlich auf einen großen Teil der Menschen zutrifft. Ebenso könnte die tödliche Si-

---

65 Der Test stammt aus dem Jahr 1950. An dem Test sollen nach Turing die besten Rechner teilnehmen, sogar solche, von denen man nicht genau sagen kann, wie sie funktionieren, weil sie ein Ergebnis von Experimenten [Probieren!] sind. Ausgangspunkt dieser Idee ist der Satz, nach dem alle Digitalrechner miteinander äquivalent sind. Es gibt freilich mehrere denkbare Abstufungen der Härte gegenüber dem Rechner. Vgl. *Cabrera,* 1.

66 Ein schönes Beispiel findet sich bei Searle, Geist, 338: Ein Mann geht in ein Restaurant und bestellt einen Hamburger, er bekommt ein verkohltes Stück Fleisch zwischen zwei trockenen Brötchenhälften. Wütend stürmt er aus dem Gebäude ohne zu bezahlen - hat er den Hamburger nun gegessen?

cherheit, mit der Rechenprogramme auf Aufgaben wie Schachprobleme reagieren, herabgesetzt werden, so daß in unregelmäßigen Abständen Fehler vorkommen.[67] Man sieht hier, daß menschlicher Geist und Computer in einer komplizierten Beziehung stehen. Es gibt unterschiedliche Stärken. Bei der Simulation eines menschlichen Fragestellers muß das Programm also die eigenen Stärken verleugnen können, um die Simulation zu ermöglichen.

Ein weiterer Trick besteht darin, in ebenfalls unregelmäßigen Abständen auf ein entsprechendes Stichwort hin witzige Bemerkungen zu machen, Slang zu benutzen, etc. Kurz, man versucht, menschliche Verhaltensweisen bei solchen Tests nachzuahmen, indem man *denkbare* Verhaltensweisen antizipiert und in den Antwortkatalog einbaut. In vielen Fällen kommt dem Programm die Möglichkeit zur Ausrede oder Entschuldigung zugute.[68] Es existieren viele reduzierte Turingtests, die das Problem der enormen Menge an zu antizipierenden Antwortmöglichkeiten eingeschränkt verfolgen. Man sieht sehr schnell, daß viele mögliche Fangfragen daran scheitern, daß es ja einen Menschen geben könnte, der *genauso* auf diese Frage antworten würde.

Eine Antwort im Turingtest kann dann als akzeptabel gelten, wenn es irgendeinen Menschen gibt, der genauso antworten würde. Zumindest der Prüfer muß dieser Ansicht sein, was die Auswahl des Prüfers auch so schwierig macht. Turing verlangte nur 'durchschnittliche Personen' - aber was soll das sein? Soll der Prüfer

---

67 Auf deren Aufdeckung durch den Menschen, das Programm eine Antwort wie "Verzeihung, ich habe dich falsch verstanden" parat haben könnte. Vgl. dazu: Levine, 1993, 121. Hier wird der Begriff *explanatory gap* geprägt. Es geht um den Unterschied zwischen einer Verbindung zweier Vokabeln, die ein Computer ja ebenfalls zustandebrächte, ($H_2O$ und Wasser) einerseits und der Gleichsetzung eines *qualitative character* mit einer *physico-functional property* andererseits. Ein differenziertes Modell des Lernens neuer Informationen nach qualitativen Kategorien findet sich bei v. Gulick, 140. Das betrifft die Frage, welchen Stellenwert die von Computern "gelernten" Informationen haben. Desweiteren muß bei Computern zwischen Defekten und Entscheidungsfehlern unterschieden werden. Defekte (beschädigte Kabel, Lötstellen, etc.) sind mechanische oder elektrische Ursachen von Fehlern. Entscheidungsfehler basieren auf dem Umstand, daß wir den von der Maschine ausgegebenen Signalen Bedeutung beimessen. Das, was unser Programm vorlegt, ist dannn falsch.

68 Je nachdem, wie extrem diese Ablenkungsmanöver auf emotionale, etc. Fragen gehäuft sind, könnte man aus der Perspektive des Prüfers auf einen paranoiden Partner schließen. Ist es einfacher, Paranoiker zu simulieren? (Vgl. Colby, K. Artificial Paranoia.)

ein durchschnittlicher Computerspezialist sein, ein durchschnittlicher Laie oder ein Spezialist einer anderen Disziplin? Die Organisatoren der Loebner-Prize Competition haben sich für Journalisten entschieden.[69]

Sicherlich, je länger ein Turingtest geht, desto größer ist die Wahrscheinlichkeit, daß Widersprüchlichkeiten innerhalb des Systems ausgemacht werden können, so daß der Eindruck entsteht, der Partner sei seelisch instabil. Das zu verhindern ist die Aufgabe der Programmierer. Es findet ein Wettkampf zwischen Tester und Programmierer über den Umweg des Computerprogrammes statt. Je größer der Wettkampf innerhalb eines Gedankenexperiments ist, desto dynamischer ist das Modell.

Das Gedankenexperiment "Turingtest" ist in hohem Maße dynamisch, weil innerhalb eines Rahmens - der Versuchsanordnung mit zwei Zimmern, in denen Tester und Versuchs-"person" sitzen, etc. - gehandelt werden kann. Dabei ist es gleichgültig, ob das Handeln real oder nur vorgestellt ist, das Prinzip bleibt gleich. Die Anordnung des Versuches ist nicht erheblich, es spielt keine Rolle, ob Tester und Getesteter mit Lochstreifen oder e-mail miteinander kommunizieren, es geht um Sätze oder Fragen, es gibt intelligente und dumme Fragen, wie es verräterische, bzw. nicht-verräterische Antworten gibt. Deshalb ist der Turingtest kein Bühnenstück, sein Sinn liegt eben nicht darin, immer gleich abzulaufen, sondern im Gegenteil darin, jedesmal neue Erkenntnisse zu fördern. Eine Frage, die einmal so beantwortet wurde, daß über die Identität des Gegenübers nichts ausgesagt werden kann, muß nicht noch einmal gleichlautend gestellt werden. Bei einem Bühnenstück aber geschieht genau das!

Der Appell an unsere Phantasie ist denkbar gering. Ähnlich wie beim Chinesischen Zimmer haben wir es mit nichts zu tun, das unserer Erfahrung komplett widerspricht, wir kennen Zimmer, wir kennen Fragen und Antworten, wir kennen

[69] Block, The Mind, 12, Mit dem Hinweis, daß wir wirklich nicht wissen ob Intelligenz nicht etwa doch nur aus Tricks besteht. Für diesen Fall seien Journalisten am besten geeignet.

Computerprogramme, die auf Befehle reagieren. Die vermeintlichen "Antworten" des Turingprogrammes sind ja nichts anderes als Reaktionen auf den Befehl der Frage. Ein Computerprogramm reagiert und zeigt die Uhrzeit an oder berechnet eine Bewegung, dieses hier liefert Antworten, die man ihm vorher bereitgestellt hat. Es geht also um die Qualität der Antworten, nicht darum, daß das Programm überhaupt antworten kann (was sehr einfach wäre, zum Beispiel immer mit dem Satz: "Heute habe ich keine Lust zu antworten, laß' mich in Ruhe!" - sozusagen die Spielverderberhaltung auf der Seite des Computers).
Unsere Phantasie wird aber durchaus beansprucht, wenn es um den Inhalt und die Form der zu stellenden Fragen geht.

Fragen wir noch nach den restlichen Eigenschaften:

*1. Wieviele Informationen werden uns geboten?* Je breiter das Szenario dargelegt wird, desto verständlicher werden uns Schlußfolgerungen in diesem System; je weniger, desto größer muß unsere Bereitschaft sein, dem Autor einfach zu glauben. Wir haben es nicht mit einem Bühnenstück zu tun, weshalb man nicht von einem Szenario in dem Sinne sprechen kann, wie das beim Chinesischen Zimmer möglich war. Wir verfügen aber über Rahmenbestimmungen, die den Test so gründlich definieren, daß eine tatsächliche Umsetzung erfolgen kann (Loebner-Prize).

*3. Wie groß ist der Anteil von wirklich überprüfbaren Elementen?* Wenigstens einige Aspekte des Gedankenexperiments müssen uns aus der wirklichen Welt bekannt sein. Also: In welchem Maß können wir unabhängig vom Autor urteilen? Wieder hat der Turingtest keinen erzählbaren Inhalt, er verläuft jedesmal anders. Deshalb müssen wir den Testrahmen bewerten. Wir stellen fest, daß für den Fall des Turingtests die Frage nach den gebotenen Informationen (1.) und die Frage nach dem Anteil wirklich überprüfbarer Elemente (2.) identisch ist.
Der Turingtest stellt sich bis jetzt als ein ziemlich wasserdichtes System dar. Aber es ist noch eine Eigenschaft übrig:

*4. In welcher Beziehung steht das Gedankenexperiment zu der eigentlichen Frage?*

Das ist die für den Turingtest entscheidende Frage (weil ich an anderer Stelle auf das Problem der künstlichen Intelligenz und der Einwände eingehe, beschränke ich mich jetzt auf den *Spielraum*, den diese Frage den Antworten läßt). Auf der einen Seite finden wir die Position Turings: Wenn der Test bestanden ist, haben wir es mit Intelligenz zu tun, wobei es kein Argument ist zu sagen, daß der Computer anders gebaut ist als unser Gehirn[70] und deshalb nicht vergleichbar damit sei. Denn: alles was zählt, ist das Resultat.

Andererseits kann man behaupten, daß der Turingtest nur Reaktionsfähigkeiten eines Computerprogrammes testet und nicht Intelligenz, weil dem Programm kausale Mentalkraft fehle. Diese Position vertritt Searle. Schließlich kann man sagen, daß der Turingtest zweifach funktioniert: Er testet die Fähigkeit der Programmierer, die Fragen der Tester vorwegzunehmen, und er testet die Fähigkeit der Tester, auf die Tricks der Programmierer zu reagieren. Damit wäre gesagt, daß es sich um einen indirekten Wettkampf zwischen Menschen handelt. Etwa wie beim Brief-Schach. Das ist ja das Wesen dynamischer Gedankenexperimente.

Aus dem Test allein geht nicht hervor, was er überprüft. Man gerät schnell in die Sphäre der Überzeugungen. Die folgenden Überlegungen verdeutlichen den Sachverhalt weiter:

Das Problem für den Prüfer besteht darin, daß selbst wenn wir offen mit einem Menschen konfrontiert sind, aus seinen Antworten nicht hervorgehen muß, ob es sich bei ihm um ein wirklich denkendes Wesen handelt. Er könnte eine Maschine sein, die denkendes Verhalten nur perfekt simuliert. Üblicherweise (und höflicherweise) wird menschlichen Gesprächspartnern aber die Befähigung zum Denken unterstellt, um Kommunikation möglich zu machen. Sonst würden sich Gesprächspartner nicht ernstnehmen können, d.h. sie könnten sich nichts sagen. Dieser Umstand wird dem menschlichen Teilnehmer des Turingtests zum Verhäng-

---

[70] "neuro-chauvinistic" wird diese Einstellung in der Literatur auch genannt.

nis.[71] In der Frage nach "Gleichheit von Geist und Programm" haben wir hier einen wichtigen Punkt, denn die Empfindung einer Farbe kann nur dann gleich sein, wenn die Sensoren der Empfindung sich gleichen.[72] D.h., ein mit einer Videokamera ausgestatteter Computer/Roboter hat sicherlich nicht die gleiche Rotempfindung wie ein Mensch mit seiner Netzhaut, wenn auch der Informations - und Reaktionswert gleich sein kann[73]. Im Turingtest unterhält man sich nicht über ein und dieselbe Sache, wenn Mensch und Maschine "Rot" sagen, allerdings wird für

---

71 Weizenbaum, 19: "*Ich konnte bestürzt feststellen, wie schnell und wie intensiv Personen, die sich mit DOCTOR [der Name des Vorgängermodells von ELIZA, A.B.] unterhielten, eine emotionale Beziehung zum Computer herstellten und wie sie ihm eindeutig menschliche Eigenschaften zuschrieben.*"
und 20: "*Diese Reaktionen auf ELIZA haben mir deutlicher als alles andere bis dahin Erlebte gezeigt, welch enorm übertriebenen Eigenschaften selbst ein gebildetes Publikum einer Technologie zuschreiben kann oder sogar will, von der es nichts versteht.*"
Ein typischer Dialog hatte etwa folgende Form. Für unsere Zwecke ist es dabei nicht so wichtig, daß hier der Computer die Rolle des Fragers übernimmt, wobei es offensichtlich ist, daß dies für ein Programm die leichtere Rolle ist:
Unterhaltung zw. ELIZA und einer *jungen Frau.*
15. Das erste Gespräch "parodierte" ( 15) einen Psychotherapeuten:
*Alle Männer sind gleich.*
IN WELCHER WEISE?
*Sie machen uns immer wegen irgendwas verrückt.*
KÖNNEN SIE EIN BEISPIEL NENNEN?
*Naja, die Idee zu diesem Gespräch stammt von meinem Freund.*
DIE IDEE ZU DIESEM GESPRÄCH STAMMT VON IHREM FREUND.
*Er sagt, daß ich oft deprimiert bin.*
ES TUT MIR LEID ZU HÖREN, DAß SIE DEPRIMIERT SIND.
*Das stimmt, ich bin unglücklich.*
GLAUBEN SIE DASS DIESES GESPRÄCH IHNEN HILFT NICHT MEHR UNGLÜCKLICH ZU SEIN?
*Ich brauche jedenfalls Hilfe, das steht fest.*
WAS WÜRDE ES FÜR SIE BEDEUTEN HILFE ZU BEKOMMEN?
*Vielleicht könnte ich lernen, mit meiner Mutter auszukommen.*
ERZÄHLEN SIE MIR MEHR ÜBER IHRE FAMILIE. (...)
Vgl. Riedl, 67-70. Oder andere Vertreter des Konstruktivismus wie Maturana. Zu dem Problem der Unterstellung.

72 Vgl. Wittgenstein, PhU §272/273 für die Schwierigkeiten zwischen *Menschen.* Auch bei *Tetens*, 5.

73 Man denke an die Signalwirkung von Rot im Straßenverkehr, etc.
Die gleiche Argumentation findet man auch in Diderots "Lettre sur les aveugles", 91, wo es um den Begriff der Seele geht. Wie kann bei verschiedenen Sinneseindrücken dennoch eine gemeinsame Sicht auf die Welt entstehen?

den Menschen die Illusion geschaffen, es sei doch etwas gemeinsames, indem das Programm Referenz in einem Maße simuliert, das für ein Gespräch zwischen Menschen ausreicht. Wir haben vorhin gesehen, daß ein Wettkampf zwischen Tester und Programmierer über den Umweg des Programms erfolgt.[74]
Man könnte jetzt einwenden, daß die Bedeutung der Wörter rot, etc. doch durch den Programmierer gewährleistet sei. Der ist ja ein Mensch, genau wie der Tester, also sprechen sie sehr wohl über das gleiche Phänomen. Dieser Einwand wäre berechtigt, wenn der Turingtest nicht dynamisch wäre, sondern, wie ein Bühnenstück, immer gleich. Durch die Dynamik aber verändern sich die Phrasen, die dem Programm zur Verfügung stehen, das Programm erweitert seinen Wortschatz durch die Vokabeln der Fragen, die vorher noch nicht im Vokabular des Programms enthalten waren. Dadurch entfernt sich der Wortgebrauch der Maschine von dem ihres Programmierers mit jedem Schritt im dynamischen Prozeß. Das hat Auswirkungen auf unseren Begriff der Datenverarbeitung:
Es handelt sich nicht um die gleiche Art von Daten, die ein Mensch und ein Computer verarbeiten, wenn der eine intentionale Prozesse vornimmt und der andere sie simuliert.

*5. An wen richtet sich das Gedankenexperiment?* Wir können auch an dieser Stelle versuchen, das Szenario auf die Form zu bringen, die für Gedankenexperimente typisch ist, um zu sehen, daß sich der Turingtest als Argument gegen die Haltung richtet, die lange nach Turing "Neuro-Chauvinismus" genannt wurde. Der skeptische Zug ist unübersehbar:

- Wir gehen normalerweise davon aus, daß unsere menschlichen Gesprächspartner wie wir Wesen mit Intentionalität, Intelligenz, etc sind, wenn sie sich an gewisse Regeln (Grammatik, Reaktionen, etc.) halten. Die weitere Überprüfung ist problematisch.

---

74 Tugenhat, 101. Das Beispiel der Rotempfindung stammt von Wittgenstein. Man könnte auch sagen, daß jemand, der sagt er habe eine Rotempfindung, obwohl er über keine Sensoren verfügt, den Ausdruck nicht korrekt verwendet. Der Turingtestcomputer verwendet entsprechende Ausdrücke in diesem Sinne nicht korrekt.

- Angenommen, unser Gesprächspartner verhält sich entsprechend dieser Regeln, ist aber kein Mensch, sondern eine Maschine.
- Dann haben wir keinen Anlaß, Intelligenz für uns allein zu beanspruchen, sondern müssen sie dem Programm zugestehen, das uns einen menschlichen Gesprächspartner erfolgreich vorgaukelt.

Wenn auch der Turingtest als dynamisches *Szenario* nicht als typisches Gedankenexperiment angesehen werden kann, weil der Test als Aufbau, nicht als eigener Inhalt relevant ist, so ist doch seine Form klassisch.
Turing nennt neun Einwände gegen seine These:[75]

*1. Der theologische Einwand* lautet: Nur der Mensch kann denken, weil Gott nur ihm eine unsterbliche Seele verliehen hat. Weder Tier noch Maschine können denken.
*2. Der Vogel-Strauß Einwand:* Die Konsequenzen, die es hätte, wenn Maschinen denken könnten, wären zu schrecklich.
*3. Der mathematische Einwand:* Die Leistungskraft diskreter Maschinen hat Grenzen. Es lassen sich Fragen konstruieren, die selbst von einer hypothetischen Maschine mit unbegrenzter Rechenkraft nur falsch oder nicht beantwortet werden können.
*4. Der Bewußtseins-Einwand:* Erst, wenn Programme in jeder Hinsicht das leisten können, was der menschliche Geist zu leisten vermag (Kunst, Emotionen, Musik...), ist es korrekt, von Maschinenintelligenz zu sprechen.
*5. Verschiedene Unzulänglichkeiten:* Es läßt sich immer noch eine weitere Fähigkeit finden, die ein Computerprogramm nicht ausüben kann, gleichgültig, wieviele andere Probleme schon gelöst worden sind.
*6. Der Einwand von Lady Lovelace:* Maschinen können nur ausführen, nicht aber Neues erschaffen.

---

[75] Turing, Maschinelle Rechner, 62-72.

*7. Argumentation mit der Stetigkeit der Vorgänge im Nervensystem:* Das Nervensystem ist kein diskretes System. Eine Annäherung durch ein diskretes System (Computerprogramm) ist daher unmöglich.
*8. Argumentation mit der Ungebundheit des Verhaltens:* Es ist unmöglich, alle denkbaren Probleme vorherzusehen und in den Regelapparat zu integrieren. Maschinen können nicht zwischen Regeln und Gesetzen unterscheiden.
*9. Argumentation mit außersinnlicher Wahrnehmung:* Telepathie, etc. sind weder wissenschaftlich widerlegt noch bewiesen. Es könnte sein, daß außersinnliche Vorgänge maßgeblich für den menschlichen Geist sind.

Ich zitiere noch einmal Turings Anspruch:

> Ich glaube, daß es in etwa fünfzig Jahren möglich sein wird, Computer mit einer Speicherkapazität von $10^9$ so zu programmieren, daß sie das Imitationsspiel gut genug spielen, um einem durchschnittlichen Fragesteller nur eine siebenprozentige Chance lassen, daß er nach fünf Minuten die richtige Identifizierung vornimmt.[76]

Es wird deutlich, daß die erwähnten Einwände an dem Projekt des Imitationsspieles vorbeigehen. Der skeptische Ansatz des Turingtests besagt weniger, daß Computer, die den Test bestehen, wirklich intelligent *sind*, sondern vielmehr, daß Menschen über kein absolut zuverlässiges Instrumentarium verfügen, Intelligenz zu erkennen und zu beschreiben. Die Einwände machen den Punkt ebenfalls deutlich. Das Erkennen von Intelligenz ist für ein Individuum immer gleich schwierig, gleichgültig, ob es einem anderen Individuum gegenübersteht oder einer Maschine. Im Falle eines anderen Individuum helfen Kultur und guter Wille.

## 4.2 Die Unterstellung der Subjektivität

Kehren wir noch einmal zu den verschiedenen Typen von Fragen zurück, die der Tester an das Programm stellen kann: Eine Sonderstellung nehmen Fragen ein, die Fakten betreffen (a), wobei hauptsächlich die "Dinge, die jedes Kind weiß" von

---

[76] ebd, 62.

Bedeutung sind[77] - denn der Computer soll nicht einen Menschen simulieren, der den Test sabotiert, indem er sich dumm stellt, sondern einen, der wohlwollend seinen Fähigkeiten gemäß unsere Fragen beantwortet. Eine ausweichende Antwort auf Fragen wie "Wie hieß Chaplin mit Vornamen?" ist nicht sehr plausibel, wobei es im Gegensatz dazu immer möglich ist, mit der Antwort "Entschuldigung, ich kann mich im Moment nicht daran erinnern" zu kontern, wenn etwa nach dem wissenschaftlichen Namen für Nadelbäume gefragt wird. Ich nenne solche nicht sehr plausiblen Antworten 'verräterische Antworten' im Gegensatz zu 'gelungenen Antworten'. Die gelungenen Antworten sind solche, die den Computer den Test bestehen lassen. Der Computer erscheint seinem Partner nicht anders als ein Mensch.[78] Woher aber soll ein Computerprogramm wissen, was jedes Kind weiß und was nicht?

Um menschliche Eigenschaften glaubhaft simulieren zu können, muß das Programm bereits über gewisse Eigenschaften verfügen, die sich nicht einfach auf eine Menge gewissen Faktenwissens reduzieren lassen. Das Programm bräuchte eine reale Vorstellung von dem was es zunächst nur simulieren soll; eine höhere Entwicklungsstufe scheint Voraussetzung dafür zu sein, eine niedrigere erreichen zu können. Die Masse an Informationen wäre wieder enorm, aber Ned Block verweist auf den geringen Umfang solcher Programme wie ELIZA (nur 200 Lines in Basic), die bereits große Erfolge erzielten:

> Imagine how convincing a program would be produced if the Defence budget were devoted to this task for a year! But even if a high budget government initiative produced a program that was good at passing the Turing Test, if the program was just a bundle of tricks like the Weizenbaum program, with question types all thought of in advance, and canned responses placed in the machine, the machine would not be intelligent.[79]

---

77 *Guide*, 1 "*Contrary to the beliefs of early workers in AI, experience has shown that Intelligent Systems cannot achieve anything useful unless they contain a large amount of real-world (...) knowledge.*"

78 Das zumindest ist die Aufgabe, die die Loebner Prize Competition jährlich stellt. Bislang werden nur sog. reduzierte Turingtests verwendet, die 15 Minuten dauern und sich auf ein Gesprächsthema beschränken. *Mauldin* 1.

79 Block, Psychologism, 7.

Nonsense-Antworten gehören ebenfalls zu den verräterischen Antworten. Nichtverstehen von Wortspielen, offensichtlicher Unsinn, syntaktisch korrekte, aber semantisch fragwürdige Konstruktionen, usw. zählen dazu. Hier werden die Programme als Nichtmenschen enttarnt. Nonsense-Antworten sind Antworten, deren Aussage sich auf nichts Sinnvolles bezieht (ohne komisch zu sein). Sie werden aufgespürt, indem sich der Frager in den Antwortenden hineinversetzt: "läßt sich für den Frager ein Zustand des Partners denken, in dem dessen Antwort sinnvoll ist?"[80]

Wenn Nein, und wenn absichtliche Irreführung ausgeschlossen ist (nicht der Mensch soll enttarnt werden, sondern der Computer), ist das Programm als Programm entdeckt. Der menschliche Fragesteller muß in der Lage sein, objektiv über die Antwort nachzudenken. Er muß nicht, wie der Computer, einfach nur wiedergeben, sondern: er muß 'die Rolle wechseln' können: "Wieso antwortet er so? Für mich ist es auf den ersten Blick barer Unsinn, aber vielleicht gibt es doch eine sinnvolle Lösung, die mir im Moment nur nicht einfällt."[81] Diese Überlegung findet zwischen Menschen in der Sekunde der Stille statt, die einem Mißverständnis folgt. Hier arbeiten dann aber zwei Intelligenzen an einem Problem, nicht nur eines.

Diese Überlegung ist für den Frager nur dann wirklich gerechtfertigt, wenn unterstellt wird, daß der Partner ein Mensch ist, es sei denn, er wäre an eigenen denkbaren Wissenslücken interessiert. Wenn es aber um die Frage geht, ob der andere denke oder nicht, verläuft die Probe immer von der Annahme aus, *daß* der andere denke - hin zur Widerlegung der Annahme. Unterstellt man a priori, daß der andere eine Maschine sei, ist der Beweis des Gegenteils nicht zu erbringen, weil jede sinnvolle Antwort nur eine Erscheinungsform der Qualität des Programms ist. Wir haben es hier mit einer etwas verdrehten Erscheinungsform der *"Es-ist-unmöglich-daß" Experimente* zu tun.

---

80 s. Nagels Aufsatz und Davies/Humphreys, 10.

81 Vgl. Weizenbaum, 262: "Es [gibt] Gedanken, die (...) keine Maschine je verstehen wird, weil sie sich auf Ziele beziehen, die für Maschinen nicht angemessen sind?"

Man könnte sagen, daß sowohl Menschen als auch Maschinen formale Lösungen zu Problemen liefern können, ohne das Problem im mindesten zu verstehen, während Intentionalität simulierbar ist.

Die Situation, in der sich der Fragesteller befindet, ist - auf einem etwas intellektuelleren Niveau - mit derjenigen Situation vergleichbar, in der sich die Versuchstauben in einer Skinnerbox[82] befinden. Das ist eine Kiste oder ein Käfig, in dem eine Taube in Abständen, die von ihren Bewegungen unabhängig sind, mit Futter versorgt wird. Weil die Taube sich nun während ihres Aufenthalts im Käfig bewegt, fallen bestimmte Bewegungen mit der Futtergabe zusammen (eine Frage der Zeit) und werden infolge des Zusammentreffens häufiger, weil die Taube lernt, diese bestimmte Bewegung häufiger zu vollführen. Deshalb geschieht das Zusammenfallen von Bewegung und Futtergabe immer häufiger. Die Taube entwikkelt eine Art von Aberglauben betreffs ihrer Macht, auf das Erscheinen des Futters Einfluß zu nehmen. Den gleichen Aberglauben entwickelten die Tester des Programms ELIZA. Weil das Programm auf ihre Stichwörter einging, maßen sie ihm Verständnis der Stichwörter zu, anstatt zu verstehen, daß sie selbst (und nicht der Gesprächspartner) den Sinn festlegten.[83]

Fragen nach objektiven Sachverhalten sind Kriterien, weil Antworten auf sie nicht so einfach nachgeahmt (im Sinne von "gemacht wie von irgendeinem normalen Menschen") werden können wie subjektive. Die Antwort auf eine solche Frage ist entweder wahr oder falsch. Aber wenn es ein Programm gibt, das über alle Informationen verfügt, die sein Programmierer auch hat, so problematisch diese Forde-

---

[82] Riedl, 76.

[83] Eine Beobachtung, die an Humes Theorie über den Ursprung und die Natur des Glaubens erinnert: *"it consists in a lively idea related to a present impression. (...) Hence it happens, that when the mind is once inliven'd by a present impression, it proceeds to form a more lively idea of the related objects, by a natural transition of the disposition from the one to the other. The change of the objects is so easy, that the mind is scarce sensible of it, but applies itself to the conception (...) with all the force and vivacity it acquir'd from the present impression"* Treatise Of Human Nature. Buch I, P. III. Sect. VIII.
Vgl. auch Russell, 13. und: ELIZA-The Doctor Program 1.

rung auch sein mag, bleibt nur das Kriterium der Intentionalität übrig, das wie gesagt simuliert werden kann, ohne daß es tatsächlich vorhanden ist.
Bevor allerdings die Frage nach dem Verhältnis von Subjektivität und Objektivität sinnvoll näher erörtert werden kann, muß noch auf einen wichtigen Umstand des Phänomens der Simulation eingegangen werden. Es handelt sich um die Stationen bei der Simulation von Antworten, die bei Mensch und Maschine nicht in der gleichen Reihenfolge verlaufen. Das untenstehende Diagramm verdeutlicht das Ziel des Turingtests auf gleiche Eingaben gleiche Resultate zu erhalten.

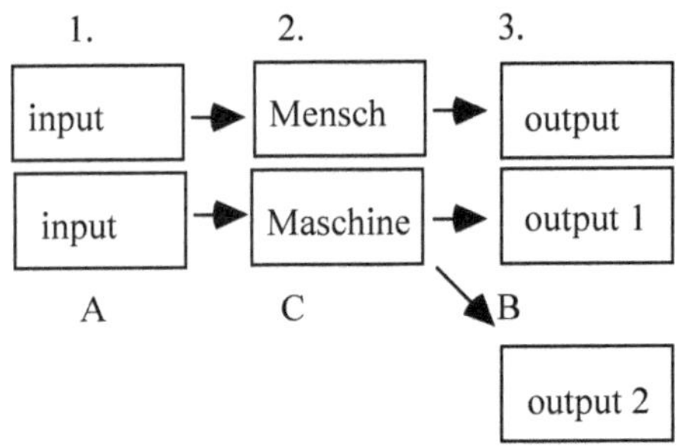


• Auf einen gegebenen Reiz (1.) hin liefert der menschliche Geist (2.) ein Resultat (3.).
• Ein Computer wird so programmiert, daß das Resultat auf den Reiz hin als Ziel feststeht (B) Dann wird nach einem Weg gesucht (C) wie das erwünschte Resultat - in unserem Fall, eine gelungene Simulation menschlichen Verhaltens - zu erreichen ist. Wird ein unerwünschtes Resultat erreicht (Output 2), - die Simulation ist verräterisch - muß C korrigiert werden. Damit unterscheiden sich die Reihenfolgen des Vorgangs grundlegend.

In der ungleichen Reihenfolge des Prozesses liegt nicht nur der Unterschied zwischen menschlicher Intentionalität und Computer*simulation* dieser Intentionalität, sondern auch der Grund weshalb es falsch ist, von der Gleichheit der eingehenden

und ausgehenden Informationen auf Gleichheit des Vorgangs zu schließen. Denn das Resultat steht ja bereits fest. Es ist nicht erarbeitet.
"Simulation" heißt hier erstens: Produktion eines Resultats mit dem die Menschen etwas anfangen können, weil sie es interpretieren können. Resultate, die man nicht interpretieren kann, sind wertlos. Interpretierbare Simulationen sind das Ziel des Programms. Deshalb muß Intentionalität, wenn man im Zusammenhang mit Computerprogrammen davon sprechen will, bei den Programmierern gesucht werden - und nicht im Prozeß zwischen Input und Output.
Dann bedeutet "Simulation": Es werden nur solche Resultate akzeptiert, die ein Mensch (mit anderen Mitteln außer einem Computer) auch hätte herstellen können. Das Resultat beim Computer ist nicht wie beim Menschen das Resultat eines mentalen Vorgangs mit mehr oder weniger ungewissem Ausgang, sondern eine Nachahmung des Ergebnisses beim Menschen. Damit ist der intentionale Charakter bei der Simulation zwar nachgeahmt, aber nicht tatsächlich vorhanden. Dieser Prozeßcharakter ist vor allem dann von Bedeutung, wenn wir die Befähigung zur Objektivität beim Menschen als Unterscheidungsmerkmal zwischen Mensch und Computer betrachten.

Wenn von ‘Objektivität‘ die Rede war, so ist der Begriff verwendet worden, den Thomas Nagel erstellt hat. Dieser eignet sich für diese Untersuchung besser als der traditionelle Begriff, weil er als Vorgang gedacht ist, nicht als festes Gegenteil zur Subjektivität, die auch Meinungen, Wünsche, etc. mitbedeuten kann. Dieser Vorgang hat selber intentionalen Charakter und verläuft folgendermaßen:
Wir verringern unsere Abhängigkeit von individuellen oder artspezifischen Standpunkten gegenüber dem Untersuchungsgegenstand so weit wie möglich. Je weniger abhängig unsere Darstellung von einem spezifisch menschlichen Standpunkt ist, desto objektiver im Sinne Nagels ist sie.

Was soll der objektive Charakter einer Erfahrung für unseren Fall sein?[84]

---

[84] Oxley, 54 f.

Es ist sicherlich ein Fehler, den objektiven Teil einer Erfahrung mit den neurologischen Prozessen im Gehirn gleichzusetzen, weil auch subjektive Prozesse auf Nerventätigkeit basieren. Es ist eher ein objektiver Teil einer Erfahrung, wenn es in dieser Erfahrung Elemente gibt, die auch dann noch übrigbleiben, wenn eine möglichst große Entfernung zu individuellen und artspezifischen hergestellt ist. Daß gerade die Forderung nach einer möglichst großen Entfernung zu "artspezifischen" problematisch ist, muß nicht gesondert hervorgehoben werden. Diese Art der Entfernung betrifft zum Beispiel Phänomene wie "Schmerz"[85] oder "Hunger", wobei Objektivität desto schwieriger wird, je weiter wir uns vom Artspezifischen entfernen.[86]

Wenn Objektivität eher eine Richtung des Verstehens sein soll, könnte man folgendes vermuten:
Je mehr subjektive Erfahrungen in bezug auf ein Phänomen der Erfahrung sich gleichen, desto weiter ist man in Richtung Objektivität vermutlich vorangeschritten. Die Richtung ist nicht durch ein bestimmtes Ziel gekennzeichnet, auf das hin gearbeitet werden soll, sondern durch eine Entfernung von eigenen Standpunkten und Perspektiven.
Ist es aber überhaupt sinnvoll, zum Beispiel nach dem objektiven Charakter von Erfahrungen zu fragen? Wie meine Erfahrungen wirklich aussehen, unabhängig davon/im Gegensatz dazu, wie sie mir erscheinen?

Wenn man verstünde, wie subjektive Erfahrung eine objektive Natur haben kann, wäre man auch in der Lage, die Existenz anderer Subjekte und Lebewesen zu verstehen. Für unser Verständnis der Möglichkeiten künstlicher Intelligenz wäre das ein entscheidender Fortschritt.

---

[85] Vgl. Nagel, 385: Es gibt noch keine Klarheit über den Physikalismus. Wir haben keine Vorstellung davon, inwiefern der Physikalismus wahr sein könnte. Es fehlt uns ein Begriff davon, wie sich ein geistiger und ein physikalischer Ausdruck auf ein und dieselbe Sache beziehen können.

[86] Man könnte sich eine Liste "phylogenetischer Distanzen" vorstellen, die parallel zu den Verwandtschaftsgraden gegliedert ist.

Aber ohne eine Klärung des Problems, wie Objektivität sich zu Subjektivität verhält, und inwieweit sie auf gleiche Weise physikalisch zu beschreiben sind, ist eine zufriedenstellende physikalische Theorie des Geistes unwahrscheinlich. Das kann man auch an den Eigenschaften der Gedankenexperimente ablesen, die ja ein Hinweis für die Richtigkeit von Analogien sein sollen.

Für unseren Fall des Turingtests bedeutet dies eine etwas modifizierte Sicht auf die Begriffe "subjektiv" und "objektiv".
Subjektivität ist die Befähigung zu Reaktionen beliebiger Art ausschließlich aus der eigenen Perspektive, mit oder ohne Bewußtsein, aus eigener Kraft oder durch Anleitung. Das wäre dann eine Behauptung, die sich etwa so formulieren ließe:
Für Computer, die von Programmierern abhängig sind, gibt es nur einen denkbaren Standpunkt, nämlich ihren eigenen. Sie reagieren auf alle Anforderungen gleich und unterstellen ihrem Gegenüber weder Vernunft noch Wahnsinn noch fehlende Intentionalität. Sie erklären sich nicht das Verhalten anderer, weil sie deren Sicht nicht einnehmen können. Das ist eine subjektive Einstellung.
Für Menschen gibt es diese Einstellung auch, aber es bleibt ihnen außerdem die Möglichkeit, die Sicht des anderen zu verstehen, indem sie versuchen, dessen Sichtweise einzunehmen (mit allen damit verbundenen Problemen, die schon erwähnt wurden, aber Objektivität ist, wenn man sie als Prozeß versteht, dadurch schon eingeleitet).

Ich habe den Turingtest eingehender diskutiert, weil es mir wichtig erscheint, auf den Aspekt der Dynamik einzugehen, der hier deutlich hervortritt. Nur wenn zwei konkurrierende Parteien gegeneinander spielen, kann von Dynamik gesprochen werden. Das ist etwa so, wie man eigentlich nicht gegen sich selbst Schach spielen kann, es sei denn man wäre schizophren.[87] Der Turingtest ist ein sehr dynamisches Gedankenexperiment, das eine große Zahl von denkbaren Fragen und Reaktionsmöglichkeiten bietet. Deshalb kann aus den Ergebnissen dieses Gedankenex-

---

[87] worauf wir in der *Schachnovelle* von Stefan Zweig (Frankfurt/M 1979) hingewiesen werden.

periments gelernt werden. Es handelt sich um ein Gedankenexperiment, das tatsächlich empirisches Material liefert. Hier entstehen Handlungsanleitungen für den weiteren Gebrauch des Gedankenexperiments, aber auch für die Forschung nach künstlicher Intelligenz, in deren Dienst der Test ja steht. Für die Systematik der Gedankenexperimente können wir also wiederum festhalten:

**Je dynamischer ein Gedankenexperiment ist,**

- desto geringer ist seine Wiederholbarkeit.[88]
- desto größer ist/wird die Masse an Sätzen, die wir anhand des Gedankenexperiments prüfen können.
- desto weiter lassen sich also auch die Implikationen des Gedankenexperiments auch als Handlungsanleitung verfolgen.
- desto größer ist die Anwendbarkeit auf Fragen außerhalb des Gedankenexperiments.
- desto geringer ist die Manipulierbarkeit des Gedankenexperiments. Es ist ja gewissermaßen ein Gegner anwesend, der unsere Absichten zu stören versucht, auch unsere manipulativen Absichten. Wer ein solches dynamisches Gedankenexperiment aufsetzt, macht es sich selbst schwerer als bei einem undynamischen.
- desto geringer ist der Effekt der Intuitionspumpe.

Die Dynamik kann erweitert oder eingeschränkt werden, indem man den Gesprächspartnern bestimmte Regeln auferlegt, wie zum Beispiel nur über ein Thema zu sprechen, keine Witze zu erzählen, oder nur Fragen eines Typs (s.o.) zu verwenden.

Es können auch Fragen gestellt oder verboten werden, die das Gespräch auf einer anderen Ebene fortführen, wie zum Beispiel: "Warum sagen Sie das?"

Was auch immer an Fragen denkbar ist, kann als mögliche Antwort antizipiert werden. Man kann das als "Trick" bezeichnen. Aber dieser Einwand, der die Ehr-

---

88 In der Art, wie es schwer oder unmöglich ist, ein Schachspiel zu wiederholen. Es gibt deshalb keine dynamischen Bühnenstücke, sie verlaufen immer gleich.

lichkeit betrifft, sollte ja gerade durch die Vorgabe Turings umgangen werden. Es ist nach Turing kein Maßstab für Intelligenz, wenn ehrlich und ohne Trickserei geantwortet wird, sondern allein der Umstand, daß der Dialogpartner für einen Menschen gehalten wird. Es findet also ein Wettkampf statt, bei dem der Prüfer versucht, den Partner zu überführen. Dabei sind alle Mittel prinzipiell erlaubt.

Die Ähnlichkeit des Turingtests in seinen Verwendungen mit sokratischen Dialogen ist manchmal verblüffend. Auch hier gibt es einen Gesprächspartner, der die Unterhaltung anführt und sein Gegenüber zu überführen versucht. Er versucht fragend, Ungereimtheiten ausfindig zu machen, worauf der Partner oft nur mit Zustimmung oder Ablehnung reagieren darf.

Karl-Otto Apel hat auf einen Punkt hingewiesen, der das Wesen von dynamischen Gedankenexperimenten auch erklären kann:

> Im *argumentativen Diskurs* zumindest müssen wir also eine Form der menschlichen Interaktion unterstellen und bejahen, die nicht auf *Wettkampf um den Sieg* zu reduzieren ist. Der Wettkampf wird hier als Kampf der Argumente zugleich distanziert und gewissermaßen instrumentalisiert im Dienste einer Zielsetzung, die a priori *nicht* als Sieg eines einzelnen oder einer Gruppe verstanden werden kann, sondern allenfalls als Sieg der solidarischen Vernunftwesen im Ringen um die Wahrheit.[89]

Hier kann man sehen, wie weit der Turingtest von echten argumentativen Diskursen noch entfernt ist, aber wie verwandt das *dynamische Gedankenexperiment* Turingtest "normalen" Diskussionen ist, in denen zwei Parteien einfach um den Sieg streiten.

---

[89] Apel, 236. Eine Stelle über den Dialog Gorgias. (Kursiv = Original)

## 5. Hochgradig fiktive Gedankenexperimente

Wie sehr sich die Einstellung von Philosophen den Fabelwesen gegenüber seit der Barockzeit geändert hat, kann man an einer Stelle aus dem Leviathan von Thomas Hobbes gut sehen:

> From this ignorance of how to distinguish Dreams and other strong fancies from vision and sense did arise the greatest part of Religion of the Gentiles (...) and now adayes the opinion that rude people have of Fayries, Ghosts, and Goblins (...).[90]

Zuvor hat Hobbes erklärt, daß wir uns Fabelwesen deshalb vorstellen können, weil wir ihre Komponenten kennen, etwa ein Pferd und einen Mann, die zusammen einen Zentauren ergeben. Er weigert sich aber, diese Fähigkeit unserer Einbildungskraft als schöpferisch anzuerkennen. Der Spott ist nicht zu überhören, wenn er über solche "Gedankenexperimente" wie die Vorstellung, Alexander der Große zu sein spricht: "which happeneth often to them that are much taken with reading of Romants."[91]

Daß aber heute solche DonQuixotterien nicht als lächerlich gelten, sondern als Intuitionspumpen, mag nicht zuletzt seinen Grund darin haben, daß sich die Argumentationsrichtung geändert hat. Wir denken heute anders über diese Wesen nach, als es ein Mensch im Zeitalter der Religionskriege getan hat.

Ich habe das erwähnt, weil ich die Sphäre des Phantastischen als Arsenal für Überlegungen für ebenso wichtig halte wie die der Naturwissenschaften, die sich als Modelle der Welterklärung gegenseitig ausschließen, aber als Quelle für Gedanken gegenseitig ergänzen. Die Gedankenmodelle in Wissenschaften und Philosophie bedienen sich frei dieser beiden Sphären.[92]

---

[90] Hobbes, 18 und man möchte ergänzen: Zombies, Marsmenschen...

[91] Hobbes, 16.

[92] Feyerabend, 186.

Man könnte die Entwicklung, die die Philosophie seit Hobbes genommen hat an vielen Beispielen aufzeigen. Eines, das sich für unsere Zwecke gut eignet, finden wir bei Josef Mitterer.[93] Dort lesen wir:

> Das einflußreichste Dogma der gegenwärtigen Sprach- und Erkenntnisphilosophie besteht darin, (...) daß es von der Sprache verschiedene Gegenstände gibt (...) und daß wir mit/in der Sprache über diese Gegen- stände reden (können).

Mitterer nennt diese Redeweise "dualisierende Redeweise" und behauptet, daß sie, durch ihre Verwendung als integraler Bestandteil unserer Sprache der philosophischen Diskussion entzogen bleibt. Es heißt dann später[94] über diese Redeweise: "Ein kategorialer Unterschied besteht zwischen dem Objekt der Beschreibung und der Beschreibung des Objekts", und er schlägt eine Alternative dazu vor:

> In der Vorgehensweise, die hier entwickelt wird, bilden Objekt der Beschreibung und Beschreibung des Objekts eine Einheit. *Die Beschreibung ist nicht auf das Objekt gerichtet, sondern geht vom Objekt der Beschreibung aus.*

Ein Beispiel dafür: Wenn wir sagen: "Ein Apfel...", um einen Apfel dann zu beschreiben, haben wir nach Mitterer bereits einen Teil der Definition geleistet. "Den Tisch in der Ecke beschreiben, heißt die Beschreibung /der Tisch in der Ekke/ fortsetzen" (ein sehr großer Schritt von Hobbes bis hier, denn die Einstellung zu der "Welt da draußen" hat sich fundamental verändert).
Den weiteren Verlauf des Arguments bei Mitterer verfolgen wir nicht weiter. Wir haben gesehen, was für uns wichtig war, nämlich die Vorstellung, daß ein Begriff schon eine Beschreibung *ist*. Das mag im Fall von Äpfeln noch keine großen Perspektiven eröffnen, aber wir sprechen hier von Zombies!

Ich rufe uns noch einmal die Eigenschaften von Gedankenexperimenten in Erinnerung:

---

[93] Mitterer, 21 Vgl. die Diskussion um Namen ohne Namensträger, wie "Pegasus"; Bach, 4.

[94] Mitterer, 56.

- In welcher Beziehung steht das Szenario zu der eigentlichen Frage? Warum verwendet man, um das Phänomen X zu diskutieren, dieses und kein anderes Bild?
• Wieviele Informationen werden uns geboten? Je breiter das Szenario dargelegt wird, desto verständlicher werden uns Schlußfolgerungen in diesem System; je weniger, desto größer muß unsere Bereitschaft sein, dem Autor einfach zu glauben.
• Wie groß ist der Anteil von *wirklich* überprüfbaren Elementen? Wenigstens einige Aspekte des Gedankenexperiments müssen uns aus der wirklichen Welt bekannt sein.
• Wie groß ist die Verständlichkeit *innerhalb* des Szenarios?

Zombies sind Wesen, die uns Menschen in allem gleichen, aber kein Bewußtsein haben. Sie reagieren, sprechen und verhalten sich wie Menschen, aber ohne innere Vorgänge:

> These humanoid beings look like they see, harken like they hear, and act like they want. They even talk like they understand our language and know things; but it's all without conscious experiences.[95]

Ich halte es nicht für nötig, auf die unterschiedlichen Arten von Zombies einzugehen, ob sie nun wie bei Searle[96] durch medizinische Eingriffe erst entstehen oder ob sie aufgrund außerirdischer Evolution immer schon ohne Bewußtsein waren. Die Frage, um die es geht, entspricht dem Problem des Turingtests und des Chinesischen Zimmers. Wie kann ich wissen, daß mein Gesprächspartner keine Maschine ist? Was läßt sich über das Bewußtsein aussagen, wenn wir versuchen, uns eine reduzierte Version davon vorzustellen?[97]

---

95 Hauser, 2. Es gibt viele Arten von Zombies: Good, Evil, Supersmart und Astro-zombies, um nur einige zu nennen, aber alle verbindet, daß sie in ihrem Schädel nur Sägemehl haben. Vgl auch Dennett, 1991, 406. "We're all zombies"

96 Rediscovery, 66/7: " doctors gradually replace your brain with silicon chips, perhaps to remedy its progressive deterioration."

97 Korb, 3 über die Frage, ob formales Handeln, unbewußtes Verhalten, oder einfach nur "rapid forgetting" vorliegt.

Natürlich könnte man schon am Anfang auf die Eigenschaften verweisen, hauptsächlich auf die der *inneren Logik* und der *ausreichenden empirischen Grundlage*, um Ungereimtheiten aufzudecken. Doch das würde den Effekt der Intuitionspumpe zunichte machen. Es ist besser, zunächst nach dem Adressaten zu fragen. Gedankenexperimente um das Gebiet der Zombies haben in der Regel diese Form:

-Wir gehen normalerweise davon aus, daß alle Menschen Bewußtsein, Intentionalität und Gefühle haben.
- Jetzt nehmen wir an, daß es aber Menschen (Zombies) gibt, in denen nichts vorgeht, die sich aber ansonsten nicht von den anderen Menschen unterscheiden.

Aus diesem Szenario kann man verschiedene Folgerungen ziehen:
1.) - Wir haben also keinen Anlaß, vom Verhalten anderer Menschen auf deren Bewußtsein, etc. zu schließen; vielmehr sollten wir einsehen, daß wir den anderen Menschen Bewußtsein, Intentionalität und Gefühle erst einmal nur unterstellen, weil wir sie nicht beweisen können.
(Diese - cartesianische - Folgerung entspricht der Folgerung aus dem Turingtest)

2.) - Es ist denkbar, daß das, was wir Bewußtsein nennen keine zentrale Rolle für das äußerliche Verhalten spielt. Formales Handeln, wie wir es bei Searle kennengelernt haben, spielt hier eine umfassendere Rolle. Diese Folgerung läßt sich weder endgültig widerlegen, noch recht beweisen, weil wir nichts über deren Hintergründe wissen. Hier könnten auch die neun Einwände gegen Turing angebracht werden, nur, daß man das Wort "Maschine" gegen das Wort "Zombie" austauschen müßte.

3.) - Es ist denkbar, daß wir die Rolle unseres Bewußtseins überschätzen. Wir haben also keinen Anlaß zu glauben, daß wir durch die Gehirnfunktion Bewußtsein (Dennett) einen qualitativen Unterschied zu den Zombies erreicht haben. Möglicherweise sind wir selber den Zombies viel ähnlicher, als wir zugeben mögen.

Zombies verhalten sich analog zu einem Turingtestprogramm. Ihr Verhalten ist nicht in dem Sinn intelligent wie unseres, aber das Phänomen ist gleich; die Frage lautet: wie erkennt man einen Zombie? Es ist denkbar, daß es Menschen gibt, die sich genauso wie ein Zombie verhalten, obwohl sie durchaus Bewußtsein haben. Weshalb also sollten wir annehmen, daß dieser Mensch keines hat, also ein Zombie ist? Zombies lernen, mit Begriffen (träumen, sich etwas vorstellen...) umzugehen, die ihnen aber nichts sagen, weil diese Begriffe keine Entsprechung in der Zombie-Welt haben. Viele Gedankenexperimente über Zombies setzen an diesem Punkt ein (egal, wie ein Zombie entstanden ist, ob er allein kommt oder ob wir es mit einem ganzen Planeten zu tun haben[98]). Dann werden Zombie-Wissenschaften und Zombie-Philosophen entworfen, um das Bild zu füllen.[99] In der Regel wird die erste Eigenschaft (Menge an Informationen) sehr ausgeprägt auftreten.

Hier kann auch die Einschätzung der restlichen Eigenschaften beginnen:

Wenn wir akzeptieren, daß ein Zombie vorstellbar ist, haben wir aus den Augen eines Vertreters der 'Spielverderberhaltung' vielleicht schon verloren, weil wir uns auf das Spiel eingelassen haben, ein Zombie könne lernen, etc. Wir müssen die kontrafaktische Annahme als erste Eigenschaft erkennen. Wir haben so gut wie keine Einsichten in unserer Welt, die uns helfen könnten, uns einen Zombie vorzustellen. Es folgt die Frage nach der inneren Logik. Auch hier müssen wir Zugeständnisse an das Gedankenexperiment machen: Wenn wir uns eine Kreatur vorstellen sollen, die kein Bewußtsein hat, aber die gleichzeitig auch keine Maschine ist (denn die von Searle entworfene Variante eines Zombies[100] wäre ja eine Art Maschine, strenggenommen also kein Zombie), wie sollen wir vorgehen? Ich glaube, daß diese Vorstellung überhaupt unmöglich ist, weil wir nicht wissen, wie es ist, ohne Bewußtsein zu sein, ob wir also überhaupt reagieren könnten[101]. Ich nehme an, daß die einzige Art von vorstellbarem Zombie einem Komapatienten

---

98 *Lanier*, Can't Argue, 2.

99 *Flanagan & Polger*, 1.

100 Dennett, Get Real, 194, bemerkt: vielleicht findet ja gar kein absoluter Verlust von Bewußtsein statt, es könnte sein, daß ein anderes Bewußtsein einfach übernimmt. Damit wäre kein Zombie entstanden, sondern ein Turingtestprogramm.

ähnelt. Komapatienten sind bewußtlos. Sie können nichts selber tun, obwohl ihre vegetativen Funktionen weiterlaufen.[102] Wir haben es hier mit einem Sprachproblem zu tun: Wenn wir 'scheintot' sagen, denken wir nicht an aufrecht gehende Menschen, sagen wir aber 'bewußtlos', denken wir an eine Ohnmacht. Die Zombies werden auch oft als "living dead" bezeichnet - was soll man sich darunter vorstellen? Man sieht, wie groß die Zugeständnisse an den Autoren sein müssen, wenn wir seinen Ausführungen folgen wollen.

Das Phänomen 'Koma' ist uns aus der Medizin bekannt. Aber sich einen Komapatienten vorzustellen, der nicht im Koma liegt, sondern herumläuft, Dinge anstellt, lernt und spricht, bedeutet eben, daß wir uns *keinen* Komapatienten vorgestellt haben. Aus der Tatsache, daß wir glauben, wir könnten uns Zombies vorstellen folgt nichts. Dennoch können wir die Gedankenexperimente weiterverfolgen, müssen aber vermerken, daß Zombie-Gedankenexperimente, sowohl was innere Logik betrifft, als auch was die Berührung mit empirischen Tatsachen angeht, schlechter abschneiden als beispielsweise das Chinesische Zimmer.
Informationen über Hintergründe sind oft in großer Genauigkeit zu finden. Autoren wie Searle bemühen sich, die Zombies in ein so plausibles Umfeld wie nur möglich zu versetzen.[103] Hierin übertreffen diese Gedankenexperimente den Turingtest und das Chinesische Zimmer, die vergleichsweise karge Erzählungen abgaben. Andererseits war eine kunstvolle Ausschmückung in deren Fall auch nicht notwendig.

---

101 *Moody*, Conversations, 2. beschreibt die Schwierigkeiten, die wir hätten, wenn wir einem Zombie Begriffe wie "Traum" oder "ich" erklären wollten. Auch *Bringsjord*, 1.

102 Wenn ich richtig informiert bin, sind selbst die echten Zombies in der kreolischen Zauberei immer von einem Magier abhängig, der ihnen sagt, was sie tun sollen. Das wäre dann eine Analogie zu einem Turingprogramm, das zwischen Tester und Programmierer steht. *Dennett* schlägt in Get Real den Vergleich mit einem Schlafwandler vor. Aber Schlafwandler sind nicht bewußtlos. Dennoch kommen sie dem *Bild* des Zombies wesentlich näher.

103 Searle, 67; aber auch: Thomas, 1. *Flanagan & Polger*, 3-5. *Dennett*, Get Real, 25. und *Lanier*, 1. um nur einige zu nennen.

Die Frage, was das Szenario mit der zugrundeliegenden Frage zu tun habe, also, ob das Gedankenexperiment auch wirklich Einsichten in das zugrundeliegende Problem liefert oder nicht, fällt wie immer am schwersten.
Man kann die 'Spielverderberhaltung' einnehmen und sagen, daß ein Szenario, das so wenig interne Logik bietet und so wenig mit unserer Welt zu tun hat, keinerlei Berührung mit Fragen haben kann, die uns tatsächlich betreffen. Sicherlich trifft unsere ursprüngliche Beobachtung zu, daß ein Gedankenexperiment, das solche Eigenschaften hat, leicht als Mittel der Überredung zu verwenden ist (zumal wir ja auch empirisch nur wenig über das Phänomen 'Bewußtsein' wissen). Es bleibt also nur, die zugrundeliegende *Behauptung* im Auge zu behalten und zu verfolgen, wie das Gedankenexperiment sich in bezug auf diese Behauptung entwickelt. Wenn die ursprüngliche Behauptung darauf hinauslaufen soll, daß unser Bewußtsein nur das ist, was Gehirne so oder so machen,[104] oder wenn eine neue Art von Dualismus vertreten wird,[105] dann wird das Konsequenzen für die Wahl der Argumente haben - und Gedankenexperimente sind Argumentationsmittel.

Es ist klar, daß die Verwendung phantastischer Gestalten in philosophischen Argumentationen, wie wir sie untersucht haben, weder dem Hobbes'schen noch dem Mittererschen Anliegen gerecht werden. Dennoch markieren beide Textstellen Extrempunkte des gegenwärtigen Problems:
Wie kann ein konstruiertes Beispiel dazu dienen, einen Sachverhalt zu erläutern, wenn der Inhalt des Beispiels unserer Erfahrung verschlossen bleibt?
Hobbes verweist diese Beispiele in die Welt des Schwachsinns,[106] während Mitterer keine weiteren Beschreibungen als den Namen zu verlangen scheint.[107] Das ist der Spielraum unseres Problems.

---

104 Vgl. *Minskys* Aufsatz "Minds are Just What Brains Do".

105 Wie von Baars.

106 Hobbes stellt später aber noch klar, 18: "*And for Fayries, and walking Ghosts, the opinion of them has I think been on purpose, either taught, or not confuted, to keep in credit the use of Exorcisme, of Crosses, of holy Water and other such inventions of Ghostly Men.*"

107 "*Wir reden über Zombies genauso wie über Äpfel. (...) Über Zombies reden heißt, die Rede sofar /ein Zombie/ fortsetzen. Viele Menschen können über Äpfel reden - nur wenige Menschen können über Zombies reden. Sie können über die Rede sofar /ein Zombie/ hinaus nichts*

Wir müssen uns jetzt einige der phantastischen Gedankenexperimente ansehen. Dabei ist es wichtig, auf den Folklore-Gehalt dieser Figuren hinzuweisen: Figuren wie Mr. Spock oder Data[108] sind so populär geworden, daß es keiner der Autoren für notwendig hält, ihr Wesen zu charakterisieren. Dabei laufen sie Gefahr, folgenden Fehler zu begehen:

- Das Wesen einer fiktiven Figur ist zum Beispiel aus Fernsehfilmen gut bekannt (Aussehen, Kleidung, Mimik und Sprache, etc. sind immer gleich). Wir kennen diese Figuren, die wir nicht erfunden haben, zwar nur nach ihren Äußerlichkeiten, aber wir haben sie sehr oft beobachten können. Diese Äußerlichkeiten sind Beschreibungen der Autoren. (Frage 2. Verständlichkeit innerhalb des Szenarios, wobei festgehalten werden muß, daß es sich weniger um Verständlichkeit, als vielmehr um Gewohnheit handelt, wenn wir die Figuren zu kennen glauben.)
- In der Welt dieser Filme ist es vollkommen normal, daß Androide und außerirdische Lebewesen mit Menschen, wie wir sie kennen, in Kontakt stehen.

Die Menschen verhalten sich in dieser Filmwelt gegenüber den für die Zuschauer so fremdartigen Kreaturen aber so natürlich wie wir uns gegenüber uns bekannten Lebensformen (Hunden) verhalten. Die Menschen der Filmwelt haben an diese Wesen nicht (mehr) dieselben Fragen zu richten, wie wir sie hätten; für sie ist schon vieles klar, was für uns unklar ist. Deshalb werden diese Fragen nie gestellt und so auch nicht beantwortet. Dieses Defizit wird durch eine große Menge an Namen ausgeglichen. Wenn wir erfahren, daß ein bestimmter Roboter zu der Klasse R2D2 gehört, haben wir an Wissen gewonnen, das innerhalb der Welt im Film relevant ist, aber das vollkommen nutzlos für unsere eigene Welt ist. Das Wesen des Roboters ist uns nicht deutlicher geworden, aber wir verfügen über ein größeres Vokabular (man erinnere sich an Mitterers Auffassung einer Beschreibung).

---

*sagen. (...) In Haiti, bei manchen Philosophen, etc. mag das anders sein.*" schreibt Mitterer in einem Brief an A. Behmel.

108 Mr Spock und Data sind Figuren in der Serie "StarTrek", der ersten bzw. zweiten Version. Mr. Spock ist ein Außerirdischer, der keinerlei Emotionen unterworfen ist. Data ist ein Androide.

Man kann sagen, die Menschen der Filmwelt verstehen diese Wesen, weil sie sie konstruiert haben und/oder alle grundsätzlichen Fragen bereits an sie gestellt haben. Die Menschen der Filmwelt haben uns Informationen (Bildung) voraus, die uns nur andeutungsweise zuteil werden.[109] Man könnte das Informationsgefüge, dessen Inhalt diese Lebensformen sind, virtuelle oder Pseudo-Bildung nennen, weil nur fiktive Personen darüber verfügen. Reale Personen müssen Brocken dieser Bildung mühsam aus den Serien herausklauben.
*Wir* besitzen also nicht einmal eine Pseudo-Bildung über solche Figuren, sondern geradezu nur eine Pseudo-*Halb*bildung. Dennoch sind uns diese Figuren sehr vertraut und wir können mit großer Sicherheit ihre Reaktionen vorhersagen (dabei müssen wir uns aber immer klar darüber sein, daß jedes Drehbuch auch davon lebt, daß die Erwartungen des Publikums in ausgewogener Weise erfüllt und enttäuscht werden).[110]
- Es handelt sich nicht um einen dynamischen Prozeß, sondern um ein Bühnenstück.

Die Figuren dieser Bühnenstücke sind Kulturgut. Wir glauben zu wissen worüber wir sprechen, wenn wir sagen: "Mr. Spock hat..." Um mit Mitterer zu sprechen: wir verwenden bereits eine Beschreibung, indem wir nur den Namen äußern. Allerdings folgen dann meist weitere Beschreibungen derselben Art. "Mr. Spock hat den Soundso-Apparat aktiviert." Wir verlassen die Filmlogik nicht. Für jede Argumentation, die auf einem solchen Bühnenstück basiert und die für sich in Anspruch nimmt, die wirkliche Welt zu beschreiben ist das ein erheblicher Schwachpunkt. In dem erwähnten Beispiel der Science-fiction Figuren tritt diese Absurdität offen zutage, daher wurden sie gewählt, doch in Gedankenexperimenten ist sie häufig äußerst gut verdeckt.

---

109 Daß dieser Umstand auch von den Anhängern dieser Filme als Mangel empfunden wird, beweist die enorme Nachfrage nach Sekundärliteratur zu den Filmen.

110 Man könnte die radikale Ansicht vertreten, daß die Philosophy of Mind, wenn sie über Androiden, Außerirdische, etc. diskutiert, eher der Filmtheorie des Science-fiction als der Philosophie zuzuordnen sei.

Bis jetzt ist noch kein Fehler aufgetreten, alles entspricht Phänomenen der Kunst und Literatur.[111] Aber es wird problematisch, wenn diese Figuren in Argumentationen integriert werden, die ihr Thema außerhalb des Filmes haben. Im Film ist es nie ein Problem, wenn man sagt "Kreaturen der Klasse Soundso reagieren immer auf diese Weise!" Der Film postuliert die Richtigkeit solcher Sätze. Schließlich ist es ein Film-Experte, der über Film-Tatsachen spricht.
Hier befinden wir uns noch im geschlossenen System des Drehbuchs, innerhalb dessen es eine Logik, eine Science-Fiction-Logik, gibt. Aber wenn wir Figuren dieser Systeme in Argumente importieren, die außerhalb dieser Logik liegen (und *innerhalb* derjenigen Szenarien, die uns wirklich betreffen) importieren wir unbekanntes und somit die Gefahr, Faktoren in unsere Überlegungen zu integrieren, die auf vollkommen anderen Gründen basieren, als der Rest der Überlegung. Wenn in einer Science-Fiction Episode die Existenz eines viereckigen Kreises ohne weitere Erklärung behauptet wird, dann heißt das nur, daß viereckige Kreise in dieser Filmwelt denkbar sind, oder gemäß der Autoren der Filmwelt.[112]

Das ist der Fehler, der regelmäßig auftritt. Er betrifft nicht so sehr die Kraft des eigentlichen Arguments, als den anschaulichen Wert des Gedankenexperiments. Wir haben im Kapitel über Tests in den Naturwissenschaften gesehen, daß es nur einen unbekannten Faktor geben darf, der Rest soll kontrolliert sein, damit eben diese Variable später untersucht werden kann. Wir haben es aber mit der Schwierigkeit zu tun, daß wir im Fall der phantastischen Gedankenexperimente keine Resultate (Werte) erwarten dürfen wie in den Naturwissenschaften, sondern höchstens Intuitionen. Intuitionen sind aber nicht direkt verifizierbar, weder von mir, wenn es meine Intuition ist, noch von anderen Personen, denen ich meine Intuitio-

---

[111] Bzw. der klassischen Szenarien, wie etwa Platos Höhlengleichnis, das bei Brooks, 71 unter "Gedankenexperimente" fällt, indem er zugleich auf die Macht der Tradition verweist: "Thought Experiments seem too integral to philosophy since Plato's cave for us to abandon them."
- In diesen Fällen spielt auch der Mythos immer eine große Rolle, vielleicht ist auch er eine Intuitionspumpe.

[112] *Sorensen*, 5 : "The thought experimenter wants you to assent to the possibility of C itself, rather than to 'C is possible according to the thought experimenter."

nen mitteile. Jetzt kann eine intuitive Einsicht in ein Problem jedoch indirekt auf ihren Wert überprüft werden, indem ich diese Einsicht auf eine Frage anwende. Das ist ein komplizierter Vorgang, er setzt Dialog, Kritik usw. voraus. Meine Intuition steht aber auf umso wackligeren Füßen, je weniger Maßstäbe wir kennen, die Kritik ermöglichen; meine Intuition ist vielleicht interessant, aber nicht einschätzbar. Deshalb kann man mit Gedankenexperimenten, die einen starken Appell an die Phantasie voraussetzen, eine Argumentation leichter manipulieren, als mit solchen, deren Komponenten ich nicht nur intuitiv verstehe, sondern auch erfahrungsbedingt verstehe, weil ich analoges schon selbst erlebt habe.[113]

Wir haben Anlaß zum Mißtrauen, wenn wir aufgefordert werden, von fiktiven Prämissen auszugehen, um einer Theorie zu folgen. Daraus folgt nicht, daß diese Gedankenexperimente und die Theorien, in deren Dienst sie stehen kategorisch abzulehnen seien. Es handelt sich nicht um einen Indiz für Betrug. Das Mißtrauen richtet sich eher gegen mögliche Denkfehler in solchen Szenarien: Wieso ist das Anliegen am besten auf eine Weise präsentierbar, die ich am wenigsten überprüfen kann?

Gerade in der Frage nach dem Wesen des Bewußtseins kann philosophische Literatur zu starker, wenn auch humorvoller Polemik neigen,[114] die sich vieler Mittel bedient. Gedankenexperimente sind solch ein Mittel der Polemik.

Aber wir müssen auch wissen, daß wir, je weniger Möglichkeiten der selbständigen Überprüfung wir haben, wir Zuhörern eines Märchenerzählers immer stärker gleichen. Viele Gedankenexperimente haben ja den Charme von Märchen.[115] Es

---

113 *Levine*, 4 und Myers, 110. Hier wird die Ansicht vertreten, daß Gedankenexperimente nicht nur "participation" verlangen, sondern auch "self-reflection", aber in bezug auf alle Arten von Gedankenexperimenten.

114 *Dennett*, Get Real, 2.

115 *Souder*, 1: "*Thought Experiments interest me because their use of the imaginative reminds me of my favorite childhood toys. My model cars and trains gave me endless hours of delight because through these imitations I could explore what it would be like to ride a real train or drive a real car.*" - das ist eine andere Erscheinungsform der eben diskutierten Problematik. Welchen Wert hat die Erfahrung, mit Spielzeugautos gespielt zu haben im wirklichen Straßenverkehr? Levine, 2: Hier wird auf zwei Arten kontrafaktischer Annahmen verwiesen. Erstens, ich nehme an, mein Stift läge links von mir (und nicht rechts) und zweitens: ich nehme an, eine zweite Erde existiere, auf der alles identisch mit unserer ist, nur..." Das ist das Twin Earth Gedankenexperiment.

soll uns also darum gehen festzustellen, welche Bedingungen erfüllt sein müssen, damit ein Gedankenexperiment verwendbar genannt werden kann. Der erste Aspekt ist schon angedeutet worden:
Wir brauchen maximale Hintergrundinformationen über den Inhalt des Szenarios. Wir benötigen ein System von Regeln und Aussagen über das angenommene Objekt.[116] Auf diese Weise können wir uns den phantastischen Annahmen nähern, ohne direkt von den Bestimmungen des Autors abhängig zu sein. Wir sollten also nicht das uns Unbekannte in unsere Vorstellungen integrieren, sondern uns bekanntes in das Unbekannte, damit es weniger phantastisch wird und wir mehr damit anfangen können. Das ist natürlich nicht die intuitive Methode selber, sondern die Reaktion eines Lesers. Wir dürfen nicht vergessen, daß es uns immer um Intuitionen für die richtige Welt gehen soll, die nur von kontrafaktische Umständen ausgehen, und nicht um kontrafaktische Intuitionen über kontrafaktische Umstände.[117]

Wenn man uns auffordert, uns einen intelligenten Roboter vorzustellen, müssen wir weiterfragen, um welche Art von Intelligenz es sich handelt, ob es etwa der Intelligenz eines dreijährigen Kindes oder eines Tieres entspricht, in welcher Hinsicht der Roboter einem Menschen gleicht und wo nicht. Es muß anders als beim Märchenhören eine Reduktion des Wunderbaren stattfinden. Man macht sich vielleicht zuerst nicht klar, wie weit die Konsequenzen dieser Forderung reichen. Wenn man aufgefordert wird, sich vorzustellen, das Universum habe sich vergangene Nacht der Größe nach verdoppelt, neigt man dazu, einfach anzunehmen, man müsse nur alle Längen, Höhen und Breiten. verdoppeln, aber:

The world is governed by geometric relations, such as the inverse square law for gravity. *Doubling the size of objects would not preserve the surface to mass ratios.* So the only way that the

---

[116] *Sorensen*, 2.

[117] *Levine*, 2 hat darauf hingewiesen: "*This fact is somewhat obscured by such locutions as "what would we say about a scientist on Twin Earth?" which implies that we are interestted in what we would say about such a scientist, if there were such. In fact, we are interested in what we do say about this hypothetical individual.*"

hypothesis could be really unverifiable is that the doubling would immediately cause alle observers to black out and die.[118]

Das Gedankenexperiment wäre gescheitert, noch bevor es beginnen könnte. Deshalb müssen vorher die Abzüge von der Wirklichkeit klar genannt werden, damit man - ebenfalls wieder intuitiv - sagen kann, ob nicht zu viele Abzüge nötig waren. Ist es sinnvoll, um ein extremes Beispiel zu konstruieren, ein Szenario zu entwerfen, das unserer Welt nur in einer Hinsicht entspricht, aber in allen anderen vollkommen verschieden ist? Wären wir in der Lage, selbst die Entsprechung zu verstehen?[119] Vermutlich ist die Abwägung dieser Frage eine Angelegenheit persönlicher Entscheidung.[120] Sicher ist nur, daß die logische Folgerungskraft eines Gedankenexperiments mit zunehmendem Appell an die Phantasie abnimmt, wobei der Effekt als Intuitionspumpe sich steigert.

Es liegt nahe, im Fall fiktiver Gedankenexperimente auf den Begriff der Widersprüchlichkeit und Unvereinbarkeit mit Naturgesetzen einzugehen.[121]
Die Vorstellung eines Planeten, der dem unseren bis auf eine Kleinigkeit gleicht, wird häufig (nach Putnam) Twin Earth Überlegung genannt. Astronauten der Erde erreichen diesen Planeten und stellen fest, daß zum Beispiel die Substanz, die die Einheimischen (in ihrer Sprache, die dem Deutschen/Englischen erstaunlich gleicht) Wasser nennen, unserem Wasser erstaunlich gleicht, nur daß es nicht die Struktur $H_2O$ hat, sondern XYZ.[122]

---

118 *Sorensen*, 2 und Passmore, 257: man wacht auf und bemerkt, daß z.B. Wassermelonen plötzlich kleiner als Weintrauben sind.

119 Haggqvist, 187 und 146-7. fragt provokativ: "If you wish to stipulate something ever so grotesque, who's to prevent you?", um später die entgegengesetzte Forderung zu vertreten: der Experimentator ist zur Glaubhaftigkeit verpflichtet.

120 *Sorensen*, 3: "If it does not itch, don't scratch."

121 *Levine*, 4. Wir finden hier eine kurze aber elegante Herleitung der Frage neben einem vierstufigen "Bewertungskatalog" kontrafaktischer Situationen. Dieser entspricht einem Vorschlag von Kathleen Wilkes, daß Gedankenexperimente, wie richtige Experimente auch, den Hintergrund der Frage korrekt abbilden sollen. Ich habe diese Forderung im Kapitel über Tests bereits diskutiert.

122 Putnam, Meaning and Reference, 702.

Im Sinne der oben erwähnten skeptischen Einstellung könnte man an diesem Punkt schon beginnen zu fragen: Wie weit geht die Entsprechung von XYZ mit unserem Wasser? Wenn alle Eigenschaften gleich sind, sind auch die molekularen Eigenschaften gleich, und dann *ist* XYZ = Wasser. Was soll heißen "erstaunlich gleich"? Fragen dieser Art sind dem intuitiven Verständnis natürlich abträglich.

Es gibt noch einen anderen Ansatz: Man kann behaupten, daß es sich um ein sprachliches Problem handelt. Levine[123] hat darauf hingewiesen, daß es strenggenommen ein Fehler ist, wenn man sagt: "Sie haben XYZ anstelle von Wasser", genauso wie es falsch wäre zu sagen: "Ihr Wasser ist wie unseres, nur, daß es die Struktur XYZ hat." - Wir können über XYZ eigentlich gar nicht sprechen.

David Chalmers sieht in diesem Gedankenexperiment keine kontrafaktischen Umstände, sondern etwas Schlimmeres: Auf dieser Twin Earth ist ja alles genau wie auf der Erde, selbst das Wasser, das ja nur in einer geheimen Hinsicht von unserem Wasser verschieden ist. Aber dieser geheime Umstand ist eben nicht erklärbar, weil nur die Zusammensetzung $H_2O$ "waterish" sein kann. Um Putnams Gedankenexperiment zu akzeptieren, müssen wir die gesamte Chemie verwerfen, denn keine andere Kombination von Elementen ergibt etwas, das dem Wasser auf die verlangte Art gleicht. Elemente sind stabile Anordnungen von Atomen. Wenn wir die Chemie verwerfen müssen, können wir auch die Physik nicht retten. Putnams Gedankenexperiment ist mit den Naturwissenschaften inkompatibel. Auf dem fremden Planeten haben Physik und Chemie keine Gültigkeit, weshalb der Planet dem unseren nicht gleichen kann. Weil XYZ unserem Wasser auf die verlangte Art und Weise ähnelt, kann Twin Earth nicht existieren.

Die Eigenschaft der Überprüfbarkeit ist also nicht vorhanden. Obwohl wir uns eine Substanz wie XYZ vorstellen können, (wir müssen uns ja nur Wasser vorstellen, wie wir es kennen, denn wir haben die Molekularstruktur von Wasser nie als $H_20$ erfahren, und darin besteht ja der einzige Unterschied), ist es dennoch nicht möglich, dieses Gedankenexperiment in seiner gesamten Fülle der Konsequenzen zu akzeptieren. Denn eine Welt, in der weder Chemie noch Physik gilt, *kann* der

123 *Levine*, 7: Er verwendet ein Szenario, in dem kleine Gnome die "Rolle des Vergasers in Automotoren übernommen" haben. Die Frage bleibt gleich.

unseren nicht haargenau gleichen. Der Appell an unsere Phantasie kann, wenn er zu stark ist, selbst das Sprechen über das Szenario unmöglich machen, wir hätten also *nur noch* unsere Intuition.

Das Mißtrauen, mit dem Gedankenexperimenten oft begegnet wird, kann vielerlei Formen annehmen. Im Wesentlichen sind es aber zwei Punkte, die es begründen: Nachweis inhaltlicher Fehler und Nachweis von Unvorstellbarkeit.

**a) Nachweis von inhaltlichen Fehlern.**

Hier kann anhand von Naturgesetzen Unmöglichkeit nachgewiesen werden, wobei man sagen muß, daß dieser Umstand allein kein Maßstab für die Verwendbarkeit eines Gedankenexperiments ist. So hat der Nachweis des Geographen Goodey, daß in Thomas Morus' fiktivem Reisebericht "Utopia" geographische Ungereimtheiten enthalten sind, keinerlei Wirkung auf dessen zugrundeliegenden Staatsentwurf.[124]

Es ist klar, daß man unter dem Begriff 'inhaltlicher Fehler' mancherlei verstehen kann. Hier ist auch der aktuelle Stand der Technik wieder von Bedeutung. Die Annahme, daß die Erde kugelförmig sei, wäre in manchen Epochen als kontrafaktische Annahme aufgefaßt worden, was jedes Gedankenexperiment mit diesem Inhalt in hohem Maße suspekt gemacht hätte. Was jetzt als schroffer Relativismus erscheint, ist nichts anderes als das Problem, daß Gedankenexperimente Mittel von Argumentationen sind, die im Dienst eines Anliegens stehen. Deshalb bedeutet 'kontrafaktisch' auch immer, in 'Relation zur gegenwärtig vorherrschenden Meinung kontrafaktisch'. Es ist dabei vollkommen gleichgültig, ob das Gedankenexperiment (zufällig) doch von korrekten Annahmen ausgeht.

Für das Bewertungsmodell von Gedankenexperimenten heißt das:

In welcher Beziehung steht die Aufforderung uns das Szenario vorzustellen zu dem übrigen, uns zugänglichen Wissen? Je widersprüchlicher, desto skeptischer dürfen wir den Schlußfolgerungen *aus dem Szenario* gegenüber sein. Innerhalb des Szenarios kann alles stimmig sein (Frage 2), aber welchen Wert hat diese

[124] Goodey, 16. (Was zu beweisen auch nicht die Absicht des Autors ist.)

Stimmigkeit auch außerhalb (Frage 3)? Man kann auch sagen, daß nur die Frage nach der Menge an Information (Frage 1) zufriedenstellend beantwortet werden kann.

**b) Nachweis der Unvorstellbarkeit.**

Neben den fünf Eigenschaften eines Gedankenexperiments ist der kontrafaktische Charakter erwähnt worden. Daraus kann ebenfalls grundlegende Kritik abgeleitet werden, wenn die Kontrafaktizität gewissermaßen zu weit getrieben wird, oder in einem unwichtigen Bereich des Szenarios zu finden ist. Auch muß darauf geachtet werden, worin das Kontrafaktische eines Szenarios wirklich besteht: im Inhalt oder in der Kulisse:

Die völlige Gleichheit von Wasser und XYZ im Twin Earth Gedankenexperiment ist kein echter kontrafaktischer Ansatz. Das kontrafaktische Element liegt nur in der Aufforderung, uns eine erfolgreiche interplanetare Reise vorzustellen. Man könnte sagen, es sei nur eine kontrafaktische Kulisse. Das Ziel der Reise entspricht dem Ausgangspunkt so sehr, daß von "Kontrafaktizität" nicht gesprochen werden kann. Wir müssen uns nichts vorstellen, was nicht wirklich existiert. Erst mit dem Hinweis auf die atomare Struktur beginnen wir zu bemerken, daß dennoch Kontrafaktizität vorliegt. Aber die Existenz von XYZ selber ist nicht nur kontrafaktisch, sondern unmöglich, wie David Chalmers gezeigt hat. ("Ich nehme an, mein Stift läge links vor mir und nicht rechts" wäre eine kontrafaktische, aber mögliche Annahme.)

Man sieht, daß Kontrafaktizität verschiedene Aspekte betreffen kann. Im Fall von XYZ betrifft sie letztendlich das gesamte Gebiet der Chemie und Physik und damit die gesamte Welt, wie wir sie kennen. Über eine solche Welt könnten wir vermutlich nichts aussagen. Der Honig des Xenophanes hat nicht diese Reichweite. Es handelt sich vielmehr um eine denkbare Ausprägung der Kontrafaktizität, weil man sich eine isolierte Kultur vorstellen kann, die den Honig nicht kennt. Vielleicht lassen sich aber selbst in diesem Fall Widersprüche konstruieren.

Der Stift, der rechts liegt und nicht links kann jederzeit bewegt werden, ohne daß ich mit Naturgesetzen in Konflikt komme. Dennoch handelt es sich um ein kontrafaktisches Szenario. Es fällt auf, daß die Wirkung der Intuitionspumpe beim ersten Beispiel beträchtlich, beim zweiten geringer und beim dritten fast gleich Null ist.

Aber es gibt noch eine vierte Möglichkeit. Man stelle sich vor:
Hypothetische, subatomare Teilchen, Tachyonen, bewegen sich schneller als das Licht. Ihr Verhältnis zur Zeit ist dem unseren folglich entgegengesetzt, sie fliegen sozusagen in der Zeit rückwärts. Diese Teilchen werden entdeckt, und zur Kommunikation verwendet. Zwei sehr weit entfernte Stationen stehen miteinander in Tachyonen-Kontakt. Der Weg der Tachyonen soll eine Stunde dauern, aber weil sich die Teilchen in der Zeit rückwärts bewegen, muß die Stunde abgezogen, nicht addiert werden. Beide Stationen bewegen sich in der Zeit parallel zueinander, aber den Tachyonen entgegengesetzt, was bedeutet, daß die Nachricht, wenn sie um 13 Uhr abgeschickt wird, bereits um 12 Uhr am Ziel ankommt, eine Stunde, bevor man sie abgeschickt hat - eine Art des Hellsehens auf physikalischer Grundlage. Das ist noch zu verstehen, man könnte sich den Umstand analog zur Zeitverschiebung bei Interkontinentalflügen vorstellen.[125] Aber wenn die zweite Station nun sofort antwortet, und das gleiche Phänomen tritt wieder ein, kommt die Antwort auf die Nachricht um 11 Uhr an. Zwei Stunden, bevor man sie ebendort abgeschickt hat. Die Antwort kommt vor der Frage. Mit dem Empfang dieser Nachricht ist die erste Station im Besitz von Information über Ereignisse, die erst in zwei Stunden eintreten werden (und diesen Umstand verdankt die Station sich selbst).[126]
Es ergeben sich dadurch weitere Paradoxien.[127]

Hier wäre der Vorwurf nicht in erster Linie, daß wir uns etwas vorzustellen haben, das unmöglich ist, sondern, daß wir das, was wir uns vorstellen sollen, nicht wirk-

---

[125] Es ist natürlich *nicht* analog, weil die Zeitzonen von der Kugelgestalt der Erde und der Sonnenbestrahlung (Tag und Nacht) abhängen und nicht von Geschwindigkeiten von Reisen. Physikalisch gesehen hat der Planet Erde keine verschiedenen Zeitzonen.

[126] Tolman, 54. und Benford, 264. Der Aufsatz nennt dieses Phänomen "Anti-Telephon".

[127] Smith, Nicholas 364.

lich begreifen können. Die Existenz solcher Teilchen ist ja nicht in dem Maße kontrafaktisch wie die Existenz von XYZ. Solche Teilchen widersprechen keinen mathematischen oder physikalischen Gesetzen, sondern eher unserem gesunden Menschenverstand.
Ich glaube, daß in dieser Frage nicht nur der Geschmack entscheidet, sondern auch die intellektuelle Kapazität. Diese Schwierigkeit hatten wir im Fall von XYZ erst, als wir uns darüber klarzuwerden versuchten, was die atomare Struktur von XYZ in letzter Konsequenz bedeutet.
Wir haben es mit einer neuen Schwierigkeit zu tun: Es fehlen uns hier keine grundlegenden Informationen wie im Fall von Androiden, jeder einzelne Schritt ist klar, aber wir tun uns mit der letztendlichen Bedeutung schwer. Das uns bekannte Gefüge der Kausalität hat sich verdreht. Wir verstehen, wie das Gedankenexperiment funktioniert, aber was wir daraus machen sollen ist rätselhaft. Es ist nicht so wie auf der Twin Earth, von der wir einfach sagen konnten, daß auf ihr weder Physk noch Chemie gelten, sie also unserer Erde in mehr als einer Hinsicht (besser gesagt: vollkommen) unähnlich ist.
Man kann auch sagen, daß sich diese Schwierigkeit zu der Problematik der Zombies gegenteilig verhält. Dort war es ja so, daß uns die endgültige Bedeutung dessen, was gesagt wurde klar war, wir aber nicht durchweg verstehen konnten, wie man dorthin gelangte.

Ich möchte das Gedankenexperiment vom Anti-Telephon noch einmal so darstellen:
- Wir gehen normalerweise davon aus, daß die Ursache zeitlich vor ihrer Wirkung liegt.
- In unserem Gedankenexperiment nehmen wir jetzt aber an, daß es einen Trick gibt, dieses Verhältnis elegant umzukehren. Wir müssen dann zugeben, daß in diesem Fall die Ursache nach der Wirkung kommt. Es fällt uns sehr schwer, das zu begreifen.
- Wir haben also keinen Anlaß zu glauben, daß die uns bekannte Reihenfolge die einzig denkbare ist. Sie ist lediglich diejenige, die wir begreifen können, weil wir sie kennen.

Wie ist es möglich, daß wir den Eindruck haben können, ein Gedankenexperiment im Großen und Ganzen verstanden zu haben, obwohl wir einsehen müssen, daß wir mit dem Begreifen scheitern, wenn wir ins Detail gehen? Man könnte vermuten, daß etwas passiert, das dem sogenannten Phi-Phänomen ähnelt.

> Many experiments have demonstrated the existence of apparent motion, or the phi phenomenon. If two or more small spots separated by as much as 4 degrees of visual angle are briefly lit in rapid succession, a single spot will seem to move.[128]

Man verwendet diesen Effekt zum Beispiel bei Leuchtreklamen. Das Phänomen tritt ebenso auf, wenn die beiden Lämpchen von verschiedener Farbe sind. Der Punkt scheint dann mitten in seiner Bewegung die Farbe zu wechseln (also an einer Stelle, wo es keinen Lichtpunkt gibt, weil kein Lämpchen vorhanden ist).

> Sir John Eccles goes so far as to say that in order to explain such effects we must admit that "the self- conscious mind (...) plays tricks with time" (1977, p. 364) - real Twilight Zone stuff - backwards causation and all that.

Diese Leistung des Gehirns tritt nicht nur bei optischen Herausforderungen auf, sondern genauso bei akustischen, oder wenn wir Texte lesen: Fehlende Informationen werden hinzu addiert, so daß der Mangel an tatsächlichen Sinnesdaten ausgeglichen wird.

> Consider the receptorless optic disk, or "blind spot," formed where the bundle of optic fibers leaves the retina for the brain. We recall that this area is only 16 degrees removed from the center of vision. It covers an area with a 6 degree visual diameter, enough to hold the images of ten full moons placed end to end, and yet there is no hole in the corresponding region of the visual field. This is because the eye- brain fills in with whatever is seen in the adjoining regions. If that is blue, it fills in blue; if it is plaid, we are aware of no discontinuity in the expanse of plaid.[129]

Das Gehirn spielt uns einen Streich, wenn es uns glauben macht, wir hätten es mit kontingenten Sachverhalten zu tun; das könnte auch im Fall von Geschichten, also

---

128 Dennett, Filling in, 1, beide Textstellen.

129 Hardin, 22.

inhaltlichen Zusammenhängen, auftreten, nicht nur bei optischen Phänomen. Wir hören eine Geschichte, in der Ungereimtheiten vorhanden sind, aber obwohl wir wissen, daß die Geschichte (ein Gedankenexperiment) auf fiktiven Annahmen basiert, sind wir dennoch imstande, die Geschichte zu verstehen. Jetzt kann es aber sein, daß wir die Ungereimtheiten erst gar nicht entdecken können, eben weil uns unser Gehirn einen Streich spielt. Welche Folgen hat das für unser Verständnis solcher Geschichten?

## 6. Exkurs zum Begriffspaar Objektiv-Subjektiv

In Thomas Nagels Aufsatz 'Wie ist es, eine Fledermaus zu sein?'[130] geht es um ein bereits bekanntes Thema, nämlich die Frage nach dem Verhältnis zwischen Beispiel und eigentlicher Problemstellung.
Die Aufgabe des Aufsatzes besteht darin herauszufinden, warum die gängigen Beispiele für Bewußtseinsfragen uns beim Verständnis der Beziehung zwischen Geist und Körper nicht weiterhelfen - warum wir beim gegenwärtigen Stand der Forschung keine Vorstellung davon haben, wie eine Erklärung der physikalische Natur eines geistigen Phänomens auszusehen hätte. (Auch wenn die Hirnforschung immer weitere Teile erschließt und etwa das 'Lachzentrum' oder das 'Angstzentrum' entdeckt.)
Ein sehr kontrafaktisches Gedankenexperiment wird angestellt:
Wir werden aufgefordert, uns vorzustellen, eine Fledermaus zu sein. Die Wahl fiel auf Fledermäuse, als einer "fundamental anderen Lebensform."[131]
Die Frage ist nicht: wie wäre es für mich, wie eine Fledermaus zu sein, nachts herumzufliegen, etc., sondern, *wie es für eine Fledermaus ist*, eine Fledermaus zu sein. Das ist ein Unterschied, der uns eine neue Sichtweise auf die Schwierigkeit liefern könnte, wie man sich innerhalb kontrafaktischer Gedankenexperimente zu verhalten habe, denn es ist klar, daß das mit zunehmender Kontrafaktizität immer schwieriger wird.

Mit einem wie auch immer gearteten 'Sich-Hineindenken' ist das nicht zu machen, denn aufgrund der unterschiedlichen Nervenstrukturen und Sinnesorgane bleiben die Erfahrungen dennoch verschieden. Der Rückschluß auf eine andere Lebensform bleibt immer unvollkommen, d.h., wir können das Echolot einer Fledermaus

---

130 Nagel, 375.

131 Nagel, 377: "das Wesentliche der Überzeugung, daß Fledermäuse Erfahrungen machen [besteht] in der Annahme, daß es da etwas gibt, das zu sein so ist, als ob man eine Fledermaus wäre" Das ist genau die Problematik, die sich uns bei der Diskussion über die Zombies erschlossen hat; bei Zombies "gibt es da nichts". Dann bei Foss, 205. "The subjective character of alien forms of consciousness cannot be conceived or imagined by us."

zwar beschreiben oder auch selber Echolote konstruieren, aber wir können uns nicht vollständig hineindenken. Wenn wir jedoch das Gefühl haben, uns hineingedacht zu haben, dann ist dieses Gefühl, wie jedes Gefühl, nicht zu überprüfen und zu beweisen.

Es wäre möglich, daß gerade durch den Versuch, den Zustand des anderen im Geist zu simulieren der Erfolg unmöglich gemacht wird, weil Fledermäuse ja nicht versuchen, so zu sein wie eine Fledermaus.

Wir glauben, daß die Fledermaus bestimmte Zustände wie Hunger und Erschöpfung kennt und daß sie andere Wahrnehmungsmuster neben dem Ultraschall hat, aber wir glauben auch, daß diese Erfahrungen einen subjektiven Charakter haben, der unserer Vorstellung entzogen ist. Auch eine iterative Annäherung, wie wir sie aus den Tests in den Naturwissenschaften kennen, kann nicht vollständig gelingen:

> Selbst wenn ich Schritt für Schritt in eine Fledermaus verwandelt würde, gäbe es in meiner derzeitigen Verfassung nichts, was mich befähigte, mir vorzustellen, wie die Erfahrungen in einem solchen, metamorphisierten, künftigen Zustand meiner selbst aussehen würden. Die beste Auskunft würden die Erfahrungen der Fledermäuse liefern, wüßten wir nur, wie sie beschaffen sind. Wenn demnach das Verfahren eines Rückschließens von-den-eigenen-Umständen-her angewandt wird (...), bleibt der Rückschluß notwendig unvollkommen.[132]

Das betrifft auch andere Menschen, deren Erfahrungen uns unzugänglich sind. Unzugänglichkeit heißt nicht Unmöglichkeit der unzugänglichen Existenz. Nagel macht den Punkt anhand eines weiteren Gedankenexperiments klar: Ein Marsmensch erscheint auf der Erde und untersucht die Lebensformen, auch die Menschen. Diese sind ihm ein Rätsel. Es gelingt ihm nicht, einen Zustand zu finden, der so ist, als wäre man ein Mensch. Für ihn folgt daraus, daß Menschen kein Bewußtsein haben.

---

132 Nagel, 379. Hier haben wir den skeptischen Zug der Gedankenexperimente wieder vor uns.

Als Diagramm läßt sich das so darstellen:

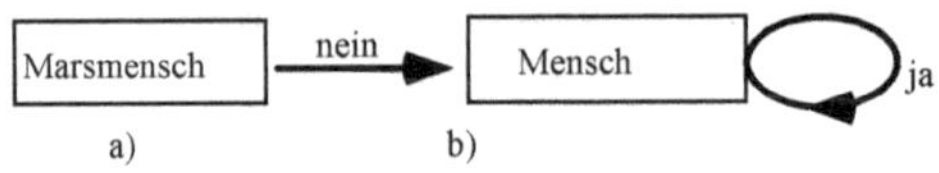


a) Der Marsmensch kann nichts finden, das zu sein so ist, als wäre er ein Mensch. Folglich verfügen Menschen für ihn nicht über bewußte Erfahrungen.

b) Der Mensch weiß, daß es sich um einen Fehler handelt, weil er weiß, wie es ist, ein Mensch zu sein.

Dazu muß der Mensch noch nicht einmal in der Lage sein, das mit Worten dem antiskeptischen Marsmenschen gegenüber auszudrücken.[133] So, wie wir uns zum Marsmenschen verhalten, verhält sich die Fledermaus in der Argumentation Nagels zu uns. Auch hier wird uns nichts mitgeteilt, wir haben nur unsere eigenen Überlegungen und Beobachtungen.

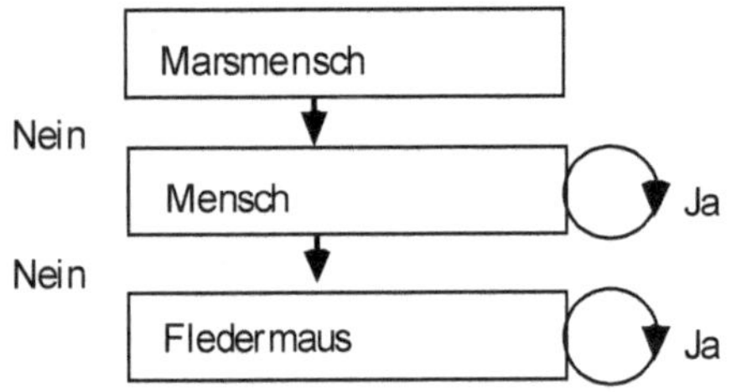


133 "Es ist die krasseste Form der Sünde wider den Geist des Erkennens, einer Sache ihre Realität oder logische Bedeutung zu bestreiten, nur weil man sie nie wird darstellen bzw. verstehen können." ebd.
Die Frage ist nur, wie man sonst damit umgehen soll.

Unsere Sprache ist nicht darauf ausgerichtet, die Erfahrungen von Marsmenschen oder Fledermäusen zu beschreiben. Man kann aus diesem Mangel keine Schlüsse auf den Grad des Bewußtseins von Marsmenschen oder Fledermäusen (oder anderen Menschen) ziehen.
Es ist nicht ausgeschlossen, den Standpunkt anderer einzunehmen, aber dafür ist eine gewisse Ähnlichkeit der Beschaffenheit notwendig. Das ist eine Leistung der Objektivierung.
Unseren eigenen Standpunkt nehmen wir automatisch ein.[134] Aber wenn es darauf ankäme, unsere eigenen Erfahrungen mit anderen Augen zu sehen, hätten wir die gleichen Probleme wie im Fall der Aufgabe, die Erfahrungen einer anderen Spezies zu verstehen, *ohne deren* Standpunkt einzunehmen.

Das ist wichtig für das Other-Minds Problem. Wenn Tatsachen bezüglich dessen, wie etwas für den erfahrenden Organismus ist, nur von einem bestimmten Standpunkt aus zugänglich sind, dann ist es unklar, wie der wahre Charakter von Erfahrungen in den physikalischen Funktionen dieses Organismus sollte zutage treten können. Letztere sind das Feld empirischer Tatsachen schlechthin. Diese können von verschiedenen Standpunkten aus/ von verschiedenen Individuen verstanden werden.
Nagels Aufsatz bringt einen für uns wichtigen Aspekt hervor, nämlich, die Anregung, daß es möglicherweise günstiger und richtiger sei, sich Objektivität als eine Richtung vorzustellen, in der sich das Denken bewegen kann.
Mit 'Objektivität' ist damit nicht mehr das gemeint, was man unabhängig von Empfindungen, Gefühlen usw. feststellen kann, sondern die Leistung, sich einem anderen Standpunkt anzunähern, sei es der Standpunkt eines anderen Menschen oder einer anderen Lebensform. 'Objektiv' heißt nicht vom eigenen Standpunkt abzusehen, bis von meiner Sichtweise 'irgendwie nichts mehr übrigbleibt'. Denn alle Verstandesleistungen basieren auf Nerventätigkeit, subjektive und objektive. Es ist deshalb ein Fehler, nur den objektiven Teil einer Erfahrung mit den neurologischen Prozessen im Gehirn *gleichzusetzen*, weil doch auch die subjektiven Be-

---

[134] Man fühlt sich an Xenophanes' Gedankenexperiment über den Honig erinnert.

standteile des Gehirns auf Nerventätigkeit basieren. Es ist eher ein objektiver Teil einer Erfahrung, wenn es um abstrakte Begriffe geht, wie 'Schmerz', etc, die vielleicht auf subjektiver Basis von allen geteilt werden, was ihr Verständnis betrifft. "Man darf nicht Medium und Inhalt verwechseln" ist eine uns schon bekannte Forderung.

Wenn Objektivität eher eine Richtung des Verstehens sein soll, könnte man folgendes vermuten:
Je mehr subjektive Erfahrungen in bezug auf ein Phänomen der Erfahrung sich gleichen, desto weiter ist man in der Richtung Objektivität vorangeschritten. Wie soll man diese Übereinstimmung nur feststellen?
Der Prozeß des Objektiven hat folgende Form: Wir verringern unsere Abhängigkeit von individuellen oder artspezifischen Standpunkten gegenüber dem Gegenstand der Untersuchung soweit es geht und soweit wir diesem Prozeß trauen mögen. Wir versuchen, sinnunabhängiger zu betrachten. Je weniger abhängig unsere Darstellung von einem spezifischen Standpunkt ist, desto objektiver ist sie dann.
An diesem Punkt können wir uns an den Turingtest erinnern und die Aufforderung formulieren: Versuche, Dich in den Geisteszustand eines Computers hineinzudenken, wobei Du nicht vergessen darfst, von menschlichen Standpunkten Abstand zu nehmen.
Was wir jetzt zu tun haben ist dies:
Wir sollen uns in einen Computer hineindenken, der menschliches Verhalten simuliert, wobei *wir* aber bei diesem Versuch des Hineindenkens nicht von Menschlichem ausgehen sollen. Sonst wäre ja die Objektivierung in Gefahr, nicht zu gelingen. Möglicherweise ist das eine Paradoxie, aber es ist sicherlich klar geworden, daß uns eine Aufgabe dieser Art große Schwierigkeiten bereiten würde.

Man kann einwenden, daß man aber in weniger komplizierten Fällen (ich gebe zu, daß ich den Turingtest als ein so gut wie unlösbares Problem absichtlich erwähnt habe) auf die Wahrheit kommen kann, ohne jeden einzelnen Schritt zu verstehen. Etwa, sich vorzustellen, eine Romanfigur, oder ein Charakter aus einem Science-Fiction zu sein. Gerade darin liegt ja der Reiz der erzählenden Künste, daß sie uns suggerieren, wir könnten die geschilderte Person verstehen. Der innere Monolog ist ein Mittel dieser Suggestion.[135]

Ein anderes Beispiel: Wir beobachten die Metamorphose einer Raupe, die sich in einen Kokon einspinnt und später als Schmetterling dem Kokon entsteigt. Das alles soll sich nicht in der freien Natur, sondern in einem abgeschlossenem Behälter abspielen.

Wenn man in der Lage ist, die Sherlock-Holmes-Maxime von der notwendigen Wahrheit anzuwenden, kann man korrekt beschreiben *wie*, aber nicht erklären, *wieso* etwas vorgefallen ist.[136] Ich kann oder muß dann schließen, daß die Raupe in einem abgeschlossenen Behälter sich in einen Schmetterling verwandelt hat, wenn alle anderen Möglichkeiten der "Verwandlung" ausgeschlossen sind, wie zum Beispiel, daß ein noch kleinerer Parasit in der Raupe war, der die Raupe restlos aufgefressen hat und nun selber zum Schmetterling geworden ist, oder daß ein Saboteur die Raupe gegen einen Schmetterling ausgetauscht hat.

Die Maxime von Sherlock Holmes lautet: Wenn man alle nicht in Frage kommenden Möglichkeiten ausschließt, so ist diejenige Möglichkeit, die als einzige übrigbleibt, so unwahrscheinlich sie klingen mag, die richtige. Man kann also erklären, wieso die anderen Möglichkeiten nicht zutreffen und daß deswegen die übrigbleibende zutrifft. Ich bin aber dann noch nicht in der Lage zu erklären, *wie* die Metamorphose vor sich gegangen ist. Diese Methode entspricht den empirischen Widerlegungen bei "Es-ist-unmöglich-daß" -Experimenten.

Ist es überhaupt sinnvoll nach einem objektiven Charakter von Erfahrungen zu fragen? Oder danach, wie meine Erfahrungen wirklich aussehen, unabhängig davon, wie sie mir erscheinen? Auf diese Frage hätte der Empirismus David Humes

---

135 Auf diese Attraktivität habe ich auch im Rahmen der fiktiven Gedankenexperimente über die Figuren Mr. Spock und Data hingewiesen.

136 Aber auf die berechtigte Frage Dr. Watsons, *wie* Holmes denn nun die falschen Möglichkeiten erkenne, folgt ein Hinweis auf den Instinkt und die Beobachtungsgabe. Das Motiv (das Wieso) des Verbrechens erfährt der Leser in aller Regel dann auch nicht von Holmes, sondern vom überführten Verbrecher. Der Hergang (das Wie) ist Holmes zu diesem Zeitpunkt immer schon bekannt .

etwa die Antwort parat, daß Erfahrungen sowieso niemals direkte Kontakte zur Außenwelt sind, sondern nur Abbilder. Echte Erfahrungen sind dabei aber noch stärker als nur eingebildete oder vorgestellte Erfahrungen. Daraus folgt eine skeptische Haltung gegenüber unseren Sinneseindrücken, aber vor allem ein großes Mißtrauen gegenüber unseren eingebildeten Vorstellungen.

## 7. Simulation menschlicher Subjektivität

Kehren wir noch einmal zu den Computern und der Frage zurück, welche Rolle die Simulation bei Gedankenexperimenten spielt. Gedankenexperimente sind durch ihre Form bestimmt. Ausgehend von eine kontrafaktischen Annahme werden Überlegungen angestellt, die den Unterschied zwischen der Welt, wie wir sie kennen und der Welt, die durch das Gedankenexperiment entworfen wurde untersuchen. Die Unterschiede können grundsätzlicher Natur sein (eine Erde ohne Sonneneinstrahlung), sie können aber auch nur in geringen Veränderungen bestehen (ein Öl mit höherer Viskosität). Diese Szenarien betreffen in der Regel das Vorfeld von technischen Innovationen. Im Kapitel über Tests in den Naturwissenschaften war davon die Rede, daß Hypothesen anstelle von Individuen falsifiziert werden.

Bei Simulationen haben wir es mit einem vergleichbaren Vorgang zu tun. Jetzt soll ein Computerprogramm ein kontrafaktisches Szenario durchrechnen. Die Aufgabe besteht darin, menschliche Subjektivität zu simulieren. Dazu möchte ich folgende Bemerkungen machen:

Es ist problematisch, einem Computerprogramm[137] das Adjektiv "subjektiv" zuzuordnen. Daß es dennoch möglich ist, habe ich anhand des veränderten Subjektivitätsbegriff zu zeigen versucht, der im wesentlichen besagt, daß im Falle des Computerprogrammes nur *ein* Standpunkt besteht, der nicht verlassen werden kann. Die Perspektive ist vorgegeben und unveränderbar; das heißt, es besteht keine Möglichkeit, die Welt aus der Perspektive eines anderen zu sehen.[138] Wir sehen, daß es sich um einen reduzierten Begriff handelt, der in erster Linie die eigene Perspektive betrifft.

137 Ich verwende die sehr altmodische und heutzutage schon fremdartige Formulierung "digitaler Universalrechner" mit der Absicht, die menschliche Neigung, die eigenen Werkzeuge mit Sympathie zu betrachten, deutlich zu machen. Das Wort "Computer" oder Ausdrücke wie "Mein Mac" haben immer affektiven Charakter, der uns zu Anthropologisierungen führen kann, wo sie fehl am Platz sind.

138 *Souder*, 1. "To stand in another's shoes".

Eine für unsere Zwecke gute Definition des Subjektiven findet sich auch bei Russell.[139] Dort heißt es:

An assertion has two sides, subjective and objective. Subjectively, it "expresses" a state of the speaker, which *may* be called a "belief", which may exist without words, and even in animals and infants who do not possess language.

Die Definition ist deshalb geeignet, weil sie den Glauben an etwas oder die Überzeugung nicht in den Mittelpunkt stellt. Es geht vielmehr darum, daß der Sprecher sich in einem bestimmten Zustand (state) befindet, den er nicht ohne weiteres überwinden kann und der nicht an Sprache gebunden sein muß. Man erinnere sich an die Sprachprobleme eines Turingprogramms.

Die Simulation *menschlicher* Subjektivität mit ihren Problemen für den wirklichen Menschen als Partner ist schwer zu durchschauen. Im Grunde liegt die gleiche Schwierigkeit vor, die auch zu lösen ist, wenn zwei Menschen (in einem solchen Test - oder in der realen Welt) miteinander kommunizieren. Woher wissen wir, daß die an sich überzeugenden Indizien für menschliches Verständnis nicht auf ein besonders klug erdachtes Programm zurückzuführen sind?[140] Wir haben es hier mit einer Erscheinungsform des sogenannten "Other Minds Problem" zu tun, das uns schon öfter begegnet ist.[141]
Den eigenen Standpunkt nehmen wir immer automatisch ein; ist es nicht denkbar, das einem Computerprogramm auch zuzugestehen, obwohl es nur einen auf formalen Vorgängen basierenden "Standpunkt" hat?
Nur dann, wenn man "subjektiv" nicht im traditionellen Gegensatz zu "objektiv" verstehen will, ist das möglich. Die Antworten des Programms sind ihm irgendwie doch eigen; je mehr das Programm lernt und je weiter der Test voranschreitet, de-

---

139 Russell, 170/172.

140 "Aufrichtigkeit" könnte ein Unterscheidungsmerkmal sein, Wittgenstein PhU, §. 541: Ein Kind muß viel lernen, ehe es sich verstellen kann (ein Hund kann nicht heucheln, aber er kann auch nicht aufrichtig sein).

141 und das auch in der Literatur in den verschiedensten Formen auftritt. Zombies, Fledermäuse, Marsmenschen - alle stellen uns vor dieses Problem. Vgl. *Dennett*, Get Real, 10.

sto eigener sind ihm seine Antworten, ein anderes, vergleichbares Programm würde aufgrund des anderen Gesprächsverlaufs anderes Vokabular lernen. Hier liegt eine weitere Erscheinungsform der Wiederholbarkeit vor, die im Fall des Turingtests sehr gering ist. Folglich wären die zur Verfügung stehenden Informationen verschieden, so wie auch die Zusammenstellung von Fragen und Antworten verschieden wäre. Es verhält sich in Analogie zu einem Schachspiel, dessen Ausgangslage immer gleich ist, aber das bereits nach wenigen Zügen eine einzigartige Konstellation eingenommen hat.

Von diesem eingenommenen Standpunkt kann das Programm nicht Abstand nehmen. Es kann sich höchstens einen zweiten, dritten Standpunkt anlegen, aber das bedeutet keinen Gewinn an Objektivität, nur eine größere Menge an Daten, die unter Umständen widersprüchlich wäre. Es hätte sich dadurch nur eine zweite und dritte subjektive Perspektive ergeben. Das Resultat wären möglicherweise Nonsense-Antworten, denn Objektivität heißt nicht: "Sammle eine möglichst große Menge an subjektiven Daten und berechne den Durchschnitt", oder "Nimm abwechselnd verschiedene subjektive Standpunkte ein!". Der Unterschied zur menschlichen Methode besteht eben darin, daß ein Programm immer wieder einen, wenn auch neuen, subjektiven Standpunkt einnähme, anstatt nach einem Zustand zu fragen, den innezuhaben so wäre, als habe man keinen *eigenen* Standpunkt, also einen Prozeß zu durchlaufen. Für Menschen kommt noch der Aspekt der Emotionalität hinzu, der es problematisch machen kann, vom eigenen Standpunkt abzusehen. Für einen universalen Digitalrechner sind alle vorhandenen Daten gleich. Aber auch Emotionalität ließe sich zumindest in ihren Folgen simulieren, es ist denkbar, ein Turingtest-Programm zu schreiben, das auf bestimmte Stichworte hin beleidigt zu reagieren scheint. Wir stehen also wieder vor demselben Problem, auch wenn es sich um Gefühle handelt. Wir fragen dann nicht: Ist diese intelligente Antwort nicht vielleicht das Resultat eines besonders guten Programms, sondern:
Ist diese Reaktion wirklich ein Gefühl oder nicht vielleicht eine besonders gute Simulation eines Gefühls?

Hier muß man den Umstand betonen, daß das Programm durchaus auch mit objektiven Formulierungen antworten kann, so wie es keine Schwierigkeit darstellt, Sätze mit der Einleitung "Es ist allgemein so, daß" beginnen zu lassen. Das wäre eine Simulation eines objektiven Standpunktes. Computer können als vielseitige Maschinen die verschiedensten Subjektivitäten anhand von eingegebenen objektiven Fakten simulieren (man denke an Wirbelstürme, Städtewachstum oder Feldschlachten), aber das ist noch nicht das Wesen der Objektivität.

Es gibt aber noch einen weiteren Grund, der den Gebrauch des Wortes rechtfertigt: Wir verfügen über kein glaubwürdiges Vokabular, das die Prozesse des Computers so beschreibt, daß sie den Gegebenheiten gerecht werden. Wir verwenden Sätze wie:
"Der Computer sagt, daß..." oder: "Die Antwort lautet..."
und vergleichbare Bemerkungen über das Funktionieren von Programmen. Dieses Vokabular suggeriert eine dem Menschen analoge Intentionalität. (Gleichzeitig assoziieren wir mit "Computer" unvernünftigerweise immer auch "Objektivität".)
Der Unterschied zwischen Mensch und Maschine ist aber nicht im Sprachgebrauch allein zu suchen, so daß man etwa sagen könnte, im wesentlichen vollbrächten beide ähnliches, aber man müsse unterschiedliche Vokabeln verwenden, um dem unterschiedlichen anatomischen/technischen Aufbau usw. gerecht zu werden.[142] Prinzipiell könnte eine Menge Mißverständnisse verhindert werden, wenn wir für Computerleistungen eine grundsätzlich verschiedene Sprache verwendeten. Diese Mißverständnisse basieren auf der menschlichen Neigung, dem wie auch immer gearteten Gegenüber Menschliches zu unterstellen.

### 7.1 Simulation und Gedankenexperiment

Wir sprechen im folgenden sowohl über Computersimulation, als auch über Gedankenexperimente. Beide verbindet die Tatsache, daß sie von der Wirklichkeit abgekoppelt eigenständige Abläufe haben. Die Wirklichkeit greift nicht korrigierend ein, wenn die Simulation von kontrafaktischen, den Naturgesetzen entgegengesetzten, Annahmen ausgeht. Man kann eine Computersimulation einer Welt[143] erstellen, in der zum Beispiel die Schwerkraft nur 50% der irdischen Gravitation beträgt und der Luftdruck doppelt so hoch ist (ein Widerspruch); man kann, um es kurz zu sagen, kontrafaktische Annahmen machen, die dann rechnerisch verfolgt werden. Die Kontrafaktizität kann auf diese Weise in virtuelle Faktizität verwandelt werden. Wenn die Prämissen nicht verändert werden, bleibt auch das Resultat gleich. Computersimulationen sind also Bühnenstücke.[144] Aber sie sind auch dynamisch, wenn wir sagen, daß die Folgen der Annahmen weitergehend sein können, als bei einem echten Gedankenexperiment. Wir können hier sehr überraschende Ergebnisse erwarten. Ähnlich wie bei einem Test, hat eine Computersimulation eine eigene Richtung. Bei den Tests ist diese durch die Naturgegebenheiten bestimmt, bei der Computersimulation durch Rechengesetze und die vorgegebenen Parameter.

Die Frage nach der Rolle, die die Interpretation spielt, kann den Unterschied zwischen Simulation, Duplikation und Imitation[145] weiter verdeutlichen:
Simulationen sind an den Resultaten der Wirklichkeit ausgerichtete Nachahmungen, die sich von dem Vorbild aus der Wirklichkeit durch ein anderes Medium unterscheiden, in dem die Nachbildung stattfindet. Die gelieferten Daten[146] sind interpretierbar, weil die Simulation *darauf ausgerichtet* ist, interpretierbare Daten zu liefern. Die Daten können dennoch überraschend sein, allerdings bewegen sie sich immer im vorher festgelegten Definitionsrahmen der Simulation. Eine Simulation ist immer auch eine reduzierte Version des Originals, weil die zu erlangen-

---

142 Dennett, Content, 1969, 3.

143 man sagt auch "digitale Rechen-Modelle".

144 Wenn auch in verschiedenen Ausprägungen, wie die Darstellung von Chaosfunktionen gezeigt hat.

145 Turing nannte seinen Test ursprünglich 'Imitationgame', aber der Begriff "Simulation" hat sich seit den sechziger Jahren durchgesetzt.

146 "Daten" bedeutet hier die errechneten Daten einer *Computer*simulation. Es ist klar, daß Gedankenexperimente keine Daten in diesem Sinne liefern können, wohl aber Denkresultate wie intuitive Einsichten.

den Daten nicht alle Aspekte der Realität betreffen müssen, um interpretierbar zu sein. So hat etwa die Simulation des Verhaltens von Flugzeugflügeln bei einer bestimmten Windgeschwindigkeit nicht den Ursprung (= das Wieso) des Windes zu berücksichtigen, der in der Wirklichkeit zwar existiert, aber für den Vorgang der Simulation keine Rolle spielt. Alles was hier zählt, ist, *daß* der Wind vorhanden ist und *wie* der Flügel sich verhält. Die Aufgabe wird gestellt, dann wird eine Simulation entworfen und durchgeführt. Der Prozeß der Durchführung ist formal und muß nicht weiter manipuliert werden. Die Intentionalität liegt also im Programmieren der Simulation, aber nicht in der Simulation selber. Deshalb findet auch die Interpretation der Simulation außerhalb statt; der Ingenieur, nicht der Windkanal interpretiert das Resultat.[147]

Bei einer Duplikation hingegen sind Resultat und Medium mit Resultat und Medium des Originals identisch. Der Definitionsrahmen wird von der Wirklichkeit (dem Original) festgelegt. Das Resultat soll in jeder Beziehung so sein wie das Urbild; man könnte sagen, sie gehören dem gleichen Genre an. Eine neue Interpretation ist deshalb unnötig und wird nicht angestrebt. Es ist auffallend, daß in der Diskussion um künstliche Intelligenz Klone, genetische Duplikationen eines Lebewesens, keine Rolle spielen, denn sie sind Duplikationen, die vom "Original" nur durch ontogenetische Aspekte zu unterscheiden sind.

Die Simulation eines Programms durch ein Programm wird 'Emulation' genannt und spielt hier deswegen keine Rolle, weil sich alle Computer im Wesen gleichen und sich nur die Geschwindigkeit verändert, wenn ein Computer die Rolle eines anderen übernimmt. Das ist eine Folgerung aus dem Turing'schen Theorem von 1936, das ich schon erwähnt habe. Für die Gedankenexperimente ist die Emulation nicht von Bedeutung.

Der Nutzen, den man sich von einem Duplikat verspricht, man denke an Kunstfälschung, liegt darin, daß weitere gleiche Exemplare entstehen, so daß der Nutzen sich addiert, während eine Simulation tiefere Einsichten welcher Art auch immer verspricht, die ein gelungenes Duplikat nicht liefern kann, weil es nichts in sich

---

[147] Das werden selbst die härtesten Vertreter der anthropomorphen Sprache (AI) zugeben müssen. Sie könnten höchstens behaupten, daß der Windkanal den Flügel interpretiere. Vgl. Harnad, 2.

trägt, das das Original nicht auch hätte. Je objektiver, also je entfernter vom eigenen Standpunkt die Duplikation betrieben wird, desto wahrscheinlicher wird sie erfolgreich sein. Ein Kunstfälscher muß seinen eigenen Stil verleugnen, wenn er eine Kopie anfertigt.[148] Das wäre im obengenannten Sinn Objektivität.

Mit einem Duplikat menschlicher Intelligenz konfrontiert, wären wir mit den gleichen theoretischen und praktischen Problemen konfrontiert, die uns normale natürliche Menschen auch aufbürden.

Die Imitation wird, so ähnlich wie die Simulation, betrieben um zu lernen, aber nicht theoretisch, sondern praktisch, wobei die Imitierenden selber auch die Interpretation vornehmen. Ein Beispiel für Imitation ist das Kinderspiel, das ebenfalls in anderem Medium stattfinden kann (Spielgeld). Der Imitierende braucht außerdem keine von außen gegebenen Befehle, um die Imitation durchzuführen. Während bei der Simulation durchaus objektive Daten zur Verfügung stehen (der von den Programmierern entworfene Definitionsrahmen), braucht die Imitation solche Vorgaben nicht. Sie hält sich an die eigene Interpretation und ahmt Phänomene nach, die unter Umständen ihrem Inhalt nach gehörig mißverstanden werden können, wie der Schneider von Ulm demonstrierte, als er Vogelflügel nachbaute und bei einem Flugversuch abstürzte - man kann den praktischen Charakter der Imitation hier gut erkennen. Für Duplikation und Imitation selber besteht die Absicht lediglich darin nachzuahmen und nicht darin, eine tieferliegende Einsicht zu erhalten.[149] Man erinnere sich an Searles Argument gegen die Starke AI.

Imitation und Spiel sind eng verwandt, weil sie gleichermaßen Selbstzweck sind: sie sind nur sinnvoll, wenn nicht nach Resultaten (Produkten) gefragt wird, sondern nach dem Gewinn an Einsicht, den das Imitieren oder Spielen an sich bringt.

Insofern ist die Imitation (so wie die Duplikation ein extremer Fall des Objektiven ist) ein extremer Fall des Subjektiven; die Bewertung durch Außenstehende ist

---

[148] In einem anderen Rahmen, aber genau in diesem Sinne beschreibt Robert Harris in *Selling Hitler* (London 1997) die Arbeit des Kunstfälschers Kujau.

[149] Man könnte deshalb auch die soziale Bedeutung der Imitation erwähnen, die darin besteht, daß 'Dinge, die man so oder so macht' häufig durch Nachahmung erlernt werden, bevor sie in ihrer Bedeutung verstanden werden.

unwichtig. Es ist klar, daß die Imitation beim Probieren innerhalb von Tests auch eine große Rolle spielt.
Man könnte folgende Feststellung bezüglich der Frage treffen, wie sich Imitation und Duplikation einerseits und Simulation andererseits zueinander verhalten: Die Rolle der Intentionalität ist entscheidend; genauer gesagt: ihre Stellung im fraglichen Prozeß. Ist die Intentionalität in einem Prozeß selber zu finden, oder geht sie dem Prozeß voran, der sich dann ohne Intentionalität gewissermaßen selbständig abwickeln kann? Ich bin der Ansicht, daß dieser Unterschied einen brauchbaren Ausgangspunkt für eine Theorie der Differenzierung der intellektuellen/rechnerischen, kognitiven, etc. Fähigkeiten von Mensch und Maschine liefert.
Der jeweilige Sprachgebrauch schlägt immer schon die Richtung ein, die unsere Interpretationen nehmen werden. Wenn wir bei der Beschreibung von sichtbaren Vorgängen in einem Computerprogramm anthropomorphe Vokabeln verwenden, haben wir uns bereits dafür entschieden, den Programmen eine Art von Bewußtsein zuzusprechen,[150] gleichgültig, ob wir diesem Schritt theoretisch zustimmen oder nicht. Es ist denkbar, daß wir auf keine andere Weise mit Computern zurechtkämen.[151]

Das Problem, das sich uns bei der Frage nach der Vermenschlichung der Computer entgegenstellt, ist uns in anderer Gestalt schon einmal vorgekommen:
Beim Turingtest hatte der Tester die Schwierigkeit zu überwinden, daß Menschen im praktischen Leben dazu neigen, ihrem Gegenüber Bewußtsein zu unterstellen. Diese Neigung ist nicht auf andere Menschen beschränkt, sondern erstreckt sich auf Haustiere, komplizierte Maschinen wie Autos, und vollkommen "leblose"

---

150 Armstrong/Malcolm, 33. "Perhaps some day it will be said of some machines that they are or sleepy, in a daze or in a trance, groggy, half conscious, fully conscious, alert, witty, etc. What would these expressions mean when applied to machines? (...)But their meaning when applied to machines will necessarily be different from their meaning when applied to people."

151 Armstrong/Malcolm, 31.

Objekte, wie technische Geräte.[152] Je scheinbar eigenständiger ein Ding ist, das heißt, je größer die Zahl der denkbaren Zustände ist, in denen wir das Ding vorfinden können, je größer seine Reaktionsvarianz ist, desto größer ist auch unsere Bereitschaft, ihm Menschliches zuzumessen. Einem Hund mehr als einem niederen Tier, einem Computer mit seinen Programmen mehr als einfacheren Werkzeugen.

Man könnte weiterhin sagen, daß Menschen dazu neigen, gegenüber Geschichtenerzählern zu großzügig zu sein (sich selbst eingeschlossen), so daß eine Geschichte in sich nur einigermaßen geschlossen zu erscheinen hat, um als stichhaltige Geschichte hingenommen zu werden. Ich behaupte, daß diese Bereitschaft mit steigender Komplexität der Geschichte zunimmt.

Gedankenexperimente sind auch Geschichten. Sie simulieren ein abstraktes Problem und sollen unser Gefühl für die zugrundeliegende Frage stärken. Wir gewinnen dieses Gefühl durch Unterstellungen, die sich nicht vor strengen logischen Ansprüchen rechtfertigen lassen. Es ist ja ein durchaus akzeptables Argument zu sagen, daß jede kontrafaktische Annahme, wie die Existenz von Dämonen[153] sich so weit von unserer Urteilsfähigkeit und Erfahrung entfernt, daß kein weiterer Schluß nach dieser Prämisse mehr bindend sein kann (und folglich abzulehnen sei).[154] Diese Denkrichtung ist sicherlich zur Schwerfälligkeit verdammt.

Mit steigender Komplexität einer Geschichte ist der Zuhörer immer mehr vom Erzähler abhängig. Je ferner das Thema der Geschichte, der Simulation oder des Gedankenexperiments unserer Alltagswelt ist, desto größer ist die Kompetenz des Erzählers, Maßstäbe für die Geschichte setzen zu können, denn der Erzähler hat das Privileg zu definieren, was unter einem "Zombie" einem "Dämonen", etc. zu

---

152 Z.B. wenn wir sagen: "Es will nicht" oder "Na, Komm‘ schon!". (Die korrekte Redeweise ist oft auch zu umständlich und *wirkt* unnatürlich auf andere Menschen, die uns zuhören. Darin liegt ein nicht unbeträchtlicher sozialer, etc. Druck.)

153 *Dennett*, Get Real, 10. für eine große Auswahl an Beispielen wie eigentlich in allen Schriften Dennetts.

154 Wir finden diese Einstellung im Leviathan, 35 sehr konsequent vertreten: "(...) in rekkoning, and seeking of truth, such speeches [Metaphors, Tropes and other Rhetoricall figures ] are not to be admitted." Vgl. auch die Stelle über Hobbes im Kapitel über Science-Fiction Gedankenexperimente dieser Arbeit.

verstehen sei, damit die Geschichte funktionieren kann. Man denke auch an Märchenerzähler, die ja keine Diskussionen über die Glaubhaftigkeit ihrer Geschichte dulden können, wenn sie ihre Aufgabe ernst nehmen.
Das macht den Brückenschlag zur Theorie, in deren Dienst die Gedankenexperimente stehen, so schwierig. Es gibt keine Daten, die sowieso und unabhängig von der Theorie existieren und auf ihre Interpretation warten können, also sozusagen den Brückenschlag automatisch hergestellt haben, nur weil sie da sind. Wir können bei Gedankenexperimenten leider nur so vorgehen, wie wir es oben gesehen haben und müssen zunächst nach den fünf Eigenschaften des Szenarios fragen:

- **Menge an dargebotener Information**
- **Verständlichkeit innerhalb des Szenarios**
- **Anteil von wirklich überprüfbaren Elementen**
- **Beziehung zur eigentlichen Frage**
- **Adressat**

Schließlich gibt es noch ein weiteres Merkmal: die Frage nach der **Dynamik.**
Wie weit lassen sich die Implikationen des Gedankenexperiments verfolgen? Sind seine Möglichkeiten bereits nach dem ersten Schritt erschöpft, oder geht es weiter, wenn ja, wie weit?[155]
Aus der Eigenschaft der Dynamik folgen wichtige Konsequenzen für das Gedankenexperiment als Mittel philosophischer Argumentation. Denn je dynamischer ein Szenario ist, desto weniger manipulierbar ist es und desto größer ist die Masse an Aussagen, die sich anhand des Szenarios überprüfen lassen, weil sich beständig neue ergeben.

---

155 Ein interessanter Einzelfall, den Computersimulationen bieten können ist die sog. Endlos-Schleife, wenn kein endgültiges Resultat erzielt werden kann, weil immer vor dem letzten Schritt die Prozedur von neuem beginnt. Das ist die Entsprechung von vielen Paradoxien, wie z.B. dem IRS- Haken in Joseph Hellers Roman *Catch 22* (Frankfurt/M 1964), in dem einer Person nur zwei Möglichkeiten offenstehen, die sich gegenseitig ausschließen, aber auch bedingen, so daß sich die Suche nach der Lösung immer im Kreis dreht. - Auch das ist ein Ergebnis!

Je undynamischer es ausfällt, desto größer ist der Effekt der Intuitionspumpe. Ein geschlossenes Szenario bietet die Möglichkeit, einem neuen Gedanken zunächst einmal unvoreingenommen zu folgen, so wie man einem Bühnenstück zu folgen bereit sein muß, wenn man es ernstnehmen will.

## 8. Schlußbemerkung

Der skeptische Charakter, also kontrafaktischer Annahmen, angefangen beim Honig des Xenophanes, bis hin zum Tachyonischen Anti-Telephon ist immer auch ein Grundzug der Gedankenexperimente. Die Aufforderung, einem Szenario zu folgen, das sich von der wirklichen Welt unterscheidet, kann auch als Aufforderung verstanden werden, das Wesen und die Erscheinungsform der wirklichen Welt als nicht absolut zu betrachten. Hierin liegt immer auch die entscheidende argumentative Schwäche dieses illustrativen Mittels.

Aus einer so gewonnenen Perspektive lassen sich neue Gedanken oder zumindest Einsichten entwickeln, die ohne die neue Perspektive vielleicht nie entstanden wären. Dieses Prinzip ist Intuitionspumpe genannt worden.

Allerdings basieren diese neuen Gedanken auf anderem, schwierigerem Grund als diejenigen, die uns die wirkliche Welt nahelegt (man denke an die Tests). Deshalb müssen Schlußfolgerungen aus kontrafaktischen Annahmen auf andere Weise bewertet werden, als Schlußfolgerungen aus Naturbeobachtungen. Eine Methode dafür wurde hier vorgestellt.

## 9. Literaturangaben

ABBOTT, E. *Flatland - A Romance in many Dimensions*, NewYork 1952.

ALLEMANN, B. "Experiment und Erfahrung in der Gegenwartsliteratur" in: STROLZ, W. *Experiment und Erfahrung in Wissenschaft und Kunst*. Freiburg/München 1963.

APEL, K-O. *Diskurs und Verantwortung, Das Problem des Übergangs zur postkonventionellen Moral.* Frankfurt/M 1992.

ARMSTRONG, D. M. & MALCOLM, N. *Consciousness and Causality*, Oxford 1984.

BAARS, B. J. "In the Theatre Of Consciousness - Global Workspace Theory, A Rigorous Scientific Theory of Consciousness" in: *Journal of Consciousness Studies*, 4, Nr. 4, Berkeley 1997, S. 292-309.

BARNOUW, D. "Science-fiction" in: *Propyläen Geschichte der Literatur*, Frankfurt/M 1988. S. 398-415.

BENFORD, G. A. & BROOK, D. L. & NEWCOMB, A. "The Tachyonic Anti-Telephone". in: *Physical Review* (1970) D, 3 Series 2: S. 263-265.

BLOCK, N. "Pschologism and behaviorism" in: *Philosophical Review*. 90 1981. S-5-43.

BLOCK, N. *The Mind as the Software of the Brain*, New York 1997.

BODEN, M. A *Computer Models of Mind,* Cambridge 1988.

BROOKS, D. H. M. "The Method of Thought Experiment" in: *Metaphilosophy*, vol. 25, Nr. 1 S.71-83.

COLBY, K. *Artificial Paranoia: A Computer Simulation of Paranoid Process*, New York 1975.

DAMASIO, A. R. *Descartes' Error - Emotion, Reason, and the Human Brain*, New York 1994.

DAWKINS, R. "Egoistische Gene und egoistische Meme" in: DENNETT, D. C. & HOFSTADTER, D. R. *Einsicht ins Ich*, Stuttgart 1986. S. 123-145.

DAVIES, M. & HUMPHREYS, G. W. *Consciousness,* Oxford 1993.

DELIUS, H. *Self - Awareness*, München 1981.

DENNETT, D. C. *Brainstorms*, Hassocks 1976.

DENNETT, D. C. *Consciousness Explained*, Boston 1991.

DENNETT, D. C. *Content and Consciousness*, London 1969.

DENNETT, D. C. *Elbow Room,* London 1984.

DENNETT, D. C. & HOFSTADTER, D. R. *Einsicht ins Ich*, Stuttgart 1986.

DIDEROT, D. *Lettre Sur Les Aveugles*, Paris 1972.

FEYERABEND, P. *Against Method*, London 1993.

FOSS, J. "On The Logic of What It Is Like To Be A Conscious Subject" in: Australasian Journal of Philosophy. Vol 67, Nr. 2, June 1989.

GALILEI, G. *Dialogue Concerning the Two Chief World Systems*, Berkeley 1953.

GOODEY, B. R. "Mapping "Utopia": A Comment on the Geography of Sir Thomas More" in: *The Geographical Review*, 60 (1970) S. 15-30.

GOTTFRIED, K. & WEISSKOPF, F. *Concepts of Particle Physic*, Vol. I, Oxford 1984.

v.GULCIK, R. "Understanding the Phenomenal Mind: Are We All Just Armadillos?" in: DAVIES, M. & HUMPHREYS, G.W. *Consciousness,* Oxford 1993.

HAGGQVIST, S. *Thought Experiments in Philosophy*, Stockholm 1996.

HARDIN, C. L. *Color for Philosophers: Unweaving the Rainbow*,
Indianapolis 1988.

HARNAD, S. "Minds, Machines and Searle" in: *Journal of Theoretical and Experimental AI.* 1, Princeton 1989. S.5-25.

HAUSER, L. "Revenge of the Zombies" American Philosophical Association Eastern Division, Colloquium: Philosophy of Mind. December 29, (1). 1995.

HOBBES, T. *Leviathan*, Cambridge 1992.

HUME, D. *A Treatise Of Human Nature*, Hg. v. SELBY-BIGGE/NIDDITCH, Oxford 1992.

IRVINE, A. D. "Thought Experiments in Scientific Reasoning" in: HOROWITZ. & MASSEY *Thought Experiments in Science,* Littlefield 1991. S 149-165.

LEATHERDALE, W. H. *The Role of Analogy, Model and Metaphor in Science*, Oxford 1974.

LEVINE, J. "On Leaving Out What it's like" in: DAVIES, M. & HUMPHREYS, G.W. *Consciousness,* Oxford 1993.

MARTENS, E. & SCHNÄDELBACH, H. (HG) *Philosophie Ein Grundkurs*, Hamburg 1985.

MITTERER, J. *Das Jenseits der Philosophie - wider das dualistische Erkenntnisprinzip*, Wien 1992.

MORRIS, C. W. *Six Theories of Mind*, Chicago 1996.

MYERS, C. M. "Analytical Thought Experiments", in: *Metaphilosophy*, Vol 17. Nr 2&3, 1986, S. 109-118.

NAGEL, T. "Wie ist es, eine Fledermaus zu sein?", in: DENNETT, D.C./HOFSTADTER, D.R. *Einsicht ins Ich*, Stuttgart 1986, S. 375-387.

NESTLE, W. *Die Vorsokratiker*, Wiesbaden 1978.

OXLEY, W. *Of Human Consciousness - a Philosophical Discourse*, Salzburg 1982.

PARTHEY, H. & WAHL, D. *Die experimentelle Methode in Natur- und Gesellschaftswissenschaften*, Berlin 1966.

PASSMORE, J. "Everything Has Just Doubled in Size" in: *Mind* 74. 1964, S. 257.

POPPER, K. R. *Alles Leben ist Problemlösen*, München 1994.

POPPER, K. & ECCLES, J.C. *Das Ich und sein Gehirn*, München 1997.

PUTNAM, H. *Vernunft, Wahrheit und Geschichte*, Frankfurt/M 1995.

PUTNAM, H. "Meaning and Reference" in: *The Journal of Philosophy* 70. 1973. S. 699-711.

RESCHER, N. "Counterfactuals in Pragmatic Perspective" in: *The Review of Metaphysics - a Philosophical Quarterly* 50, September 1996.

RIEDL, R. "Die Folgen des Ursachendenkens", in: WATZLAWICK, P. *Die erfundene Wirklichkeit*, München 1981. S. 67-90.

RIHA, K. Das Experiment in Sprache und Literatur zur literarischen Avantgarde, in: *Propyläen Geschichte der Literatur*, Frankfurt/M 1988, S. 440-463

RUSSELL, B. *An Inquiry into Meaning and Truth*, London 1995.

RYLE, G. *Der Begriff des Geistes*. Stuttgart 1969.

SCHACK, A. *Anschauung und Erklärung in der Physik*, Düsseldorf 1961.

SCHENCK, E. *Neurologische Untersuchungsmethoden*, Stuttgart, 1996.

SCHÖNBERGER, O. *Römische Redekunst*. Bamberg 1988.

SEARLE, J. R. "Geist, Gehirn, Programm", in: DENNETT, D.C./HOFSTADTER, D.R. *Einsicht ins Ich*, Stuttgart 1986. S. 337-356.

SEARLE, J. R. "The Chinese room revisited" in: *Behavioral and Brain Sciences* 5: 1982 S. 345-348

SEARLE, J. R. *Minds, Brains, and Science*. Cambridge, MA 1984.

SHAMOS, M. H.*Great Experiments in Physics*, New York 1959.

STROLZ, W. *Experiment und Erfahrung in Wissenschaft und Kunst*, München 1963.

SMITH, N. J. J. "Bananas enough for Time Travel?" in: *The British Journal for the Philosophy of Science*. Vol 48. No.3. September 1997.

TOLMAN, R. C. *The Theory of Relativity in Motion*, Berkeley 1917.

TUGENDHAT, E. *Sprachanalytische Interpretationen*, Frankfurt/M 1979.

TURING, A. M. "Maschinelle Rechner und Intelligenz", in: DENNETT, D.C./HOFSTADTER, D.R. *Einsicht ins Ich*, Stuttgart 1986. S. 59-72.

TURING, A. M. "Computing Machinery and Intelligence" in: *Mind* Bd. LIX, Nr. 236, 1950.

WEIZENBAUM, J. *Die Macht der Computer und die Ohnmacht der Vernunft*, Frankfurt/M 1990.

WITTGENSTEIN, L. *Philosophical Investigations*, Blackwell 1967.

### 9.1. Internetartikel

(Der *Autoren-Name* der im Text zitierten Internetartikel steht kursiv.)

BACH, K. Searle against the World, 1997.
in: http://ling.ucsc.edu/□chalmers/mind.html.

BRINGSJORD, S. Dennet's Dilemma,1997.
in: http://www.rpi.edu/~brings/SELPA/zombie...r/node2.html

BROWN, A. How to Make a Soul, 1996.
in: http://ling.ucsc.edu/~chalmers/misc/wired.html

CABERA, B.C. Turing Machines (1930)
in: http://sdcc14.uscd.edu/~fillmore/blurbs/Turing.html#Informal_Definition

DENNETT, D.C. Get Real-Reply to 14 Essays, 1994.
in: http://www.tufts.edu/as/cogstud/papers/getreal.htm

DÖBEN-HEINISCH, G. Visionär Turing
in: http://www.inm.de/kip/doeb/node2.html

FARLEIGH, P. Philosophy Cassified Abstracts - Ontology of Consciousness
in: http://sol.zynet.co.uk/imprint/SPECIAL/01_02.html

GOODENOUGH, J. On the Methodology of Thought Experiments, 1995.
in: http://astro.ocis.temple.edu/~souder/thought/good.pap

GUIDE, A. The Turing Test
in: http://www.mdx.ac.uk/www/ai/guide/15-turi.htm

JARGON, P. ELIZA effect.
in: http://beast.cc.emory.edu/jargon30/jargon_e/elizaefc.html

KORB, K. B. Stage effects in the cartesian theater: A review of Daniel Dennett's Consciousness Explained.
in: http://psyche.cs.monash.edu.au/vI/psyche-1-04-korb.html

LANIER, J. You can't Argue with a Zombie, 1997.
in: http://www.well.com/user/jaron/zombie.html

LANIER, J. Mindless Thought Experiments, 1996.
in: http://ling.ucsc.edu/□chalmers/mind.html.

LEVINE, A When can Intuitions on Counterfactual Cases be Trusted?, 1995.
in: http://guava.phil.lehigh.edu/cfhtm

MINSKY, M. Minds are Simply What Brains Do, 1997.
in: http://ling.ucsc.edu/□chalmers/mind.html.

MAULDIN, M. M. Chatterbots, Tinymuds, and the Turing Test: Entering the Loebner-Prize Competition, 1994. in:http://fuzine.mt.cs.cmu.edu/mlm/aaai94.html

MOODY,T. C. Conversations with Zombies, 1994.
in: http://www.zynet.co.uk/imprint/moody.html

SOUDER, L. A Way to Describe and Evaluate Thought Experiments, 1997.
in: http://astro.ocis.temple.edu/~souder/thought/good.pap

SORENSEN, R. Thought Experiments in Philosophy, 1996.
in: http://astro.ocis.temple.edu/~souder/thought/good.pap

TETENS, H. Was macht es so schwierig, Bewußtsein naturalistisch zu erklären? 1997.
in: http://www.phil.uni--passau.de/dlwg/ws07/10-1-97.txt

THOMAS, N.J.T. Zombiekiller 1996.
in: http://ling.ucsc.edu/□chalmers/mind.html.

ELIZA-The Doctor Program
in: http://www.sozialwiss.uni-hamburg.de/phil/ag/eliza.html

Metaphilosophy
in: http://csmaclabwww.uchicago.edu/philosophyProject/sellars/metaphil.html

The Alan Turing Internet Scrapbook. Who invented The Computer?
in: http://www.wadham.ox.ac.uk/~ahodges/scrapcomputer.html

What is a Turing Machine?
in: http://www.bvu.edu/faculty/schweller/tinfo.html

FSC
www.fsc.org
MIX
Papier | Fördert gute Waldnutzung
FSC® C083411

Zeitfracht Medien GmbH
Ferdinand-Jühlke-Straße 7
99095 Erfurt, Deutschland
produktsicherheit@kolibri360.de